Manuel Vázquez Montalbán

Unmoralische Rezepte

Manuel Vázquez Montalbán

Unmoralische Rezepte

Aus dem Spanischen von
Stefanie Gerhold und
Albrecht Buschmann
Mit Illustrationen von
Manfred Bofinger

Piper · München · Zürich

Die Originalausgabe erschien 1988 unter dem Titel
»Recetas Inmorales« bei Ediciones B in Barcelona.

Von Manuel Vázquez Montalbán liegen im Piper Verlag außerdem vor:
Quintett in Buenos Aires
Die Einsamkeit des Managers (Serie Piper 3148)
Die Meere des Südens (Serie Piper 3149)
Wenn Tote baden (Serie Piper 3146)
Die Küche der läßlichen Sünden (Serie Piper 3147)

ISBN 3-492-04248-1

Gesamtgestaltung: R·M·E, Katharina Steinmetz, Roland Eschlbeck

Gesamtherstellung: Kösel, Kempten
Printed in Germany

Unmoralische Rezepte

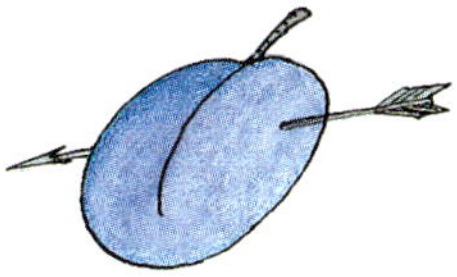

Eine Sammlung Kochrezepte als unmoralisch zu bezeichnen bedarf vielleicht einer Erklärung. Sie sollen sich aber nicht schon jetzt fühlen wie bei einem Gastgeber, der Sie zur Völlerei nötigt, darum nur soviel: Ich hätte Hunderte, Tausende, Millionen Rezepte in meine Sammlung aufnehmen können. Mir geht es vor allem darum zu sagen, daß die Moral kein absoluter Wert ist, sondern ein relativer, und gleiches gilt folglich für die Unmoral. Jedes meiner Rezepte ist ein Plädoyer für eine andere mögliche Moral, für eine hedonistische Moral, die alle Freunde unmittelbarer Glückseligkeit anspricht und bei der es darauf ankommt, solch unschuldige Künste wie Kochen, Essen und Liebenlernen gewissenhaft und auch gewissenlos auszuüben.

Jedes Rezept setzt auf eine andere Unmoral, manche sind für vier Personen, andere für sechs, andere für acht. Nichts anbrennen zu lassen lautet wohlweislich eine Anweisung in Familienrezepten. Doch Sie brauchen nicht gleich das Geschirrtuch zu werfen, da sämtliche Rezepte leicht für zwei Personen umzurechnen sind, zwei, höchstenfalls drei. Bei mehr Teilnehmern kann aus der Unmoral schnell eine Busreise werden.

Noch ein Wort zum Genießen: Jede Art von Genuß ist herzlich unmoralisch, denn nur Leiden ist moralisch. Das hat schon Thomas Kempis in seiner Imitatio Christi gesagt.

Leben ist Leiden

Um möglichst unmoralisch zu sein, gibt es kein besseres Mittel, als zwei so ultimative Genüsse wie gut Essen und gut Lieben miteinander zu verbinden. Damit keine Mißverständnisse aufkommen: Auf einen Streit über die fragwürdige Existenz einer aphrodisierenden Küche will ich mich gar nicht erst einlassen; ich begreife den Brauch des gemeinsamen Essens selbst als aphrodisierend, vor allem dann, wenn sowohl die Speisen als auch die Speisenden aufs beste harmonieren. Ein gutes Essen und ein noch besserer Tropfen öffnen die Poren der Psyche, befreien von beengenden Kulturdiktaten und erzeugen eine Kommunikationsbereitschaft, die ihresgleichen sucht.

Im Sinne dieser Philosophie verstehe ich meine unmoralischen Rezepte als Steigbügel einer neuen Ungezwungenheit. Bei der Auswahl der Rezepte war es mir wichtig, daß die jeweilige erotische Situation, die ich mit dem Rezept verbinde, auch in ihm erkennbar ist. Unter allen möglichen Assoziationsformen gibt es nämlich auch die gastronomische Assoziation zwischen Teller und Bett. Zum Beispiel wäre strikt davon abzuraten, einem tranigen blonden Paar mit auseinanderstehenden Zähnen eine Schweinefleisch-Apfel-Pastete zu servieren. Zu solchen Paaren paßt ausgezeichnet Geflügellebergratin mit Spinat, in dem sie ein wenig lustlos herumstochern.

Bei der Lektüre meiner Anmerkungen zu den Rezepten werden Sie bald merken, daß ich mich hin und wieder bemühe, die Männlein-Weiblein-Konstellation zu verlassen. Was nicht daran liegt, daß ich an sie nicht glaube, ich halte es nur für berechtigt, andere Beziehungsformen zu berücksichtigen, die zu unserer gesellschaftlichen Realität gehören; es wäre unsinnig, die gastronomisch-sexuellen Assoziationen auf heterosexuelle Paare zu beschränken. Nach einiger Tüftelei und Erprobung habe ich schließlich für manche Rezepte Varianten gefunden, die der Homosexualität besonders nahestehen. Man könnte sogar eine Liste mit Zutaten erstellen, die sich einer weiblichen wie männlichen homosexuellen Küche besonders anbieten.

Das überlasse ich den Spezialisten für Geist und Körper, denn nicht umsonst hat jede Konfession ihre eigenen Gelehrten, die ihr Küchenlatein weit besser verstehen als ich. Wie auch immer, es wäre schmählich, die homosexuellen Männer nicht für ihren Einsatz zu würdigen, den sie im Kampf der Männer um den Zutritt zu den Küchen erbracht haben. Zugegeben, die Frauen haben einen heroischen Kampf geführt, um SoldatInnen, PolizistInnen, KommissarInnen oder CatcherInnen werden zu können, aber der Kampf, den die Männer gegen die Frauen ausfechten mußten, um an den heimischen Herd vorgelassen zu werden, stand dem in nichts nach. Ich vermute sogar, daß nicht wenige Männer die sexuelle Unabhängigkeit gewählt haben – ob durch Selbstgenügsamkeit oder durch Eintritt in die Gay Comunity sei dahingestellt –, um endlich Alleinherrscher ihrer Küche zu werden. Des weiblichen Volkes Stimme nach ist ein Mann, der sich an den Herd stellt, ein verdächtiger Weichling, aber glauben Sie mir, nirgendwo sonst haben zartes Fleisch und zärtliche Fleischeslust einen so durchschlagenden Erfolg errungen wie in den Küchen homosexueller Männer. Lieblingsgericht jener Pioniere ist die Vichyssoise gewesen, wobei nicht ganz klar ist, ob sich diese Affinität auf den Beinamen »Königin der kalten Suppen« gründet oder auf die grundlegende Ambiguität dieses Gerichts, die zwischen der rundlichen Knolle und der Lauchstange besteht, diesem vegetabilen Phallus mit schützenden Zungen, die sich um ein in der Tiefe verborgenes weißes Herz schmiegen.

Mein Beruf erlaubt es mir, die Rezepte nach eigenem Gutdünken auszusuchen, denn ein Schriftsteller ist Gebieter über die Obsessionen und Wörter, aus deren schier unerschöpflichem Fundus er nach Herzenslust auswählen kann. Viele der Rezepte können Sie in Restaurants probieren. Andere entstammen der Geschichte der Kochkunst und sind heute weniger verbreitet, etwa das berühmte Kopfkissen der Belle Aurore des französischen Gastronomen Brillat-Savarin. Obwohl ich selbst oft und bereitwillig der Verführung edler Restaurants erliege, möchte ich mit meinem Buch anregen, wie folgt zu verfahren: zuerst kochen, dann die Früchte der Liebe oder der Sexualität kosten, beziehungsweise der Liebe und der Sexualität, was nicht dasselbe ist. Darum werde ich den Leser stets und mit Nachdruck dazu drängen, zuerst die Topfdeckel, dann die Röcke zu heben. Das ist nicht nur eine Sache der besseren Überzeugungskraft – obwohl es stimmt, daß man jemandem, der vier Stunden lang für einen in der Küche gestanden hat, nur schwer etwas abschlagen kann, unabhängig davon, ob er (oder sie) es aus christlicher Nächstenliebe oder in Erfüllung häuslicher Pflichten getan hat. Vielmehr erlangt man durch das Brauen des Zaubertranks die Regie über den Abend, und ihn selbst seinem Ziel zuführen zu können ist größtmöglicher Lustgewinn.

Angesichts des moralischen Neokonservativismus sehe ich mich genötigt, darauf hinzuweisen, daß keines der hier aufgeführten Gerichte HIV überträgt, weshalb man sie ohne Kondome im Kopf genießen kann. Angesichts des um sich greifenden Moralismus, wie er in Zeiten wirtschaftlicher Krisen und gesellschaftlicher Ängste typisch ist, muß außerdem mit dem Vorwurf gerechnet werden, dieses Buch stifte an zum Ehebruch, zu Untreue und Perversion, was nicht der Fall ist. Ich bin mir sicher, daß kein Rezept und keine der vorgeschlagenen Situationen stabile Beziehungen – und ich sage bewußt nicht Ehen – gefährdet. Es kommt nur darauf an, wie diese stabilen Beziehungen und Ehen aussehen. Bei sehr konventionellen Paaren hat Sexualität vermutlich einen rein spielerischen Charakter, weshalb sie nur zu festen Zeiten oder an Feiertagen stattfindet; darum muß ich bei ihnen unweigerlich an Nachspeisen denken. Nachspeisen, allem voran Gebäck, eignen sich nämlich am besten zur sexuellen Stimulation von wohlanständigen Paaren, seit die Fahrt ins Bahnhofskino nicht mehr wirkt, weil solche Filme inzwischen an jeder Ecke laufen und sie darum ihre entscheidende Anziehungskraft als verbotene Früchte der Kinematographie verloren haben. In diesen Fällen ist besonders die Banane zu empfehlen, denn bei ihr ist die Beziehung zwischen Signifikant und Signifikat, zwischen Konsistenz und Konsumenz direkt referentiell. Neun von zehn Ehemännern, deren brave Gattinnen flambierte Bananen als Nachspeise serviert haben, fühlten sich sexuell angesprochen.

Das behauptet zumindest eine Statistik, die ich irgendwann einmal irgendwo gelesen habe.

Manuel Vázquez Montalbán

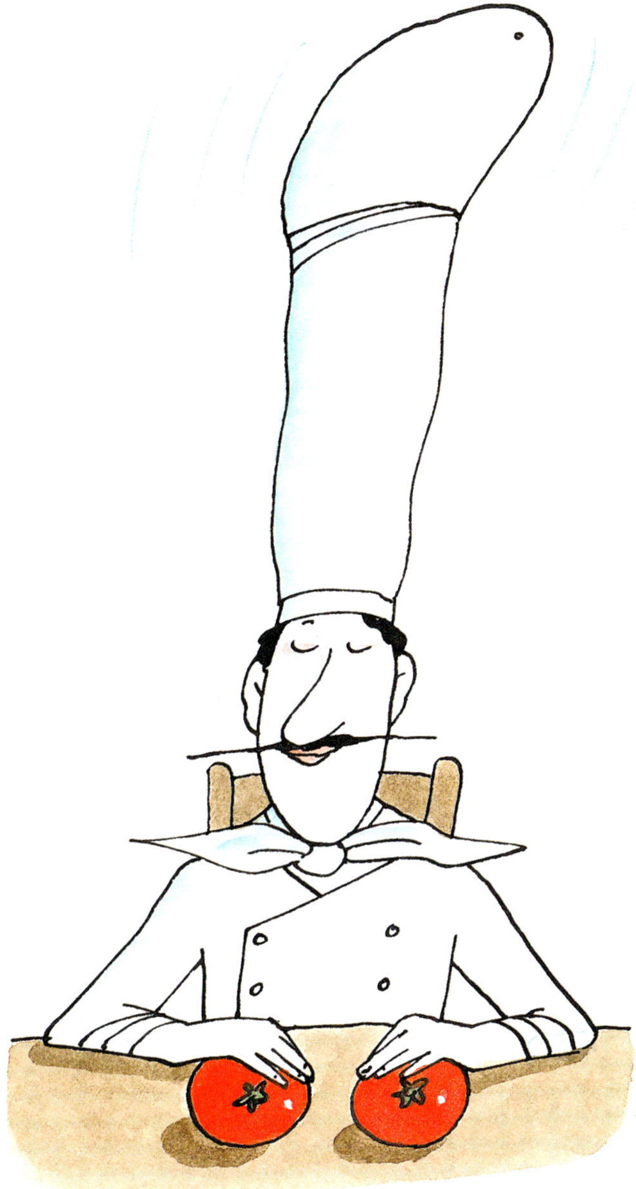

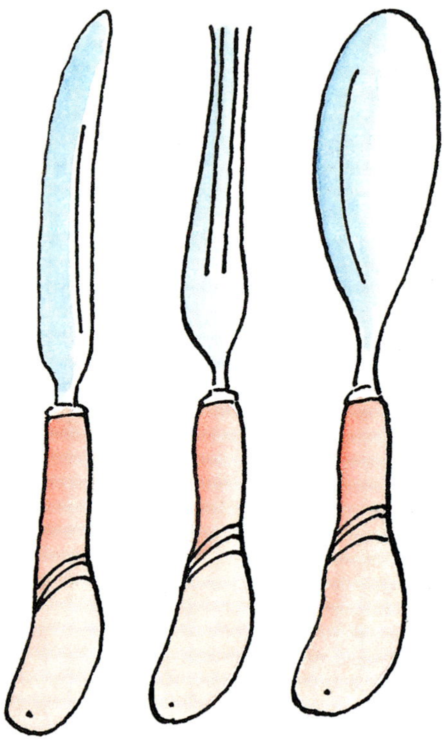

Inhaltsverzeichnis der Rezepte

Von der Vorspeise zum Vorspiel

Von Saubohnen, Rücken und Innereien

Von Austern, Hummern und Mumien

Vom Naschen und Vernaschen

Von der Vorspeise zum Vorspiel

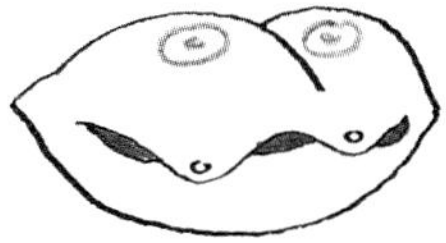

Erlauben Sie mir gewisse Zweideutigkeiten, zumindest solange sie Fragen betreffen wie die, ob die Überschrift zu diesem Abschnitt plump anzüglich ist oder schlicht die Feststellung, daß das, was früher als Vorspeise oder Erster Gang auf den Tisch kam, heutzutage für eine komplette Hauptmahlzeit reicht: Eines der Hauptmerkmale des Menschen am Ende des zweiten christlichen Jahrtausends ist nämlich sein gezügelter Appetit. Würde Apicius, römischer Gastronom und Erfinder der distinguierten und der erotischen Küche, seinen Kopf aus dem Grab recken, würde ihn auf der Stelle ein Anfall visueller Anämie niederstrecken. Trotz alledem rate ich Ihnen dringend, dem Mahl, wenn Sie es für die Erotik instrumentalisieren wollen, seine ihm angemessene Zeit bei Tisch zuzugestehen.

Zuviel Tisch und Nachtisch allerdings führt weg von dem dunklen Objekt der Begierde. Darum sieht eine der von mir vorgeschlagenen Vorspeisen einen Ortswechsel vor, vom Tisch aufs Bett oder zu einem anderen Möbelstück, das sich anbietet. Diese und keine andere Bedeutung steht hinter der Überschrift **Von der Vorspeise zum Vorspiel**. Es hängt davon ab, wohin es den aktiveren Part des Rendezvous mehr drängt, ob das gewählte Gericht ausgiebig munden (z.B. das Kopfkissen der Belle Aurore) oder rasch in andere Genüsse münden soll, etwa Janssons Versuchung. Jeder wie er möchte.

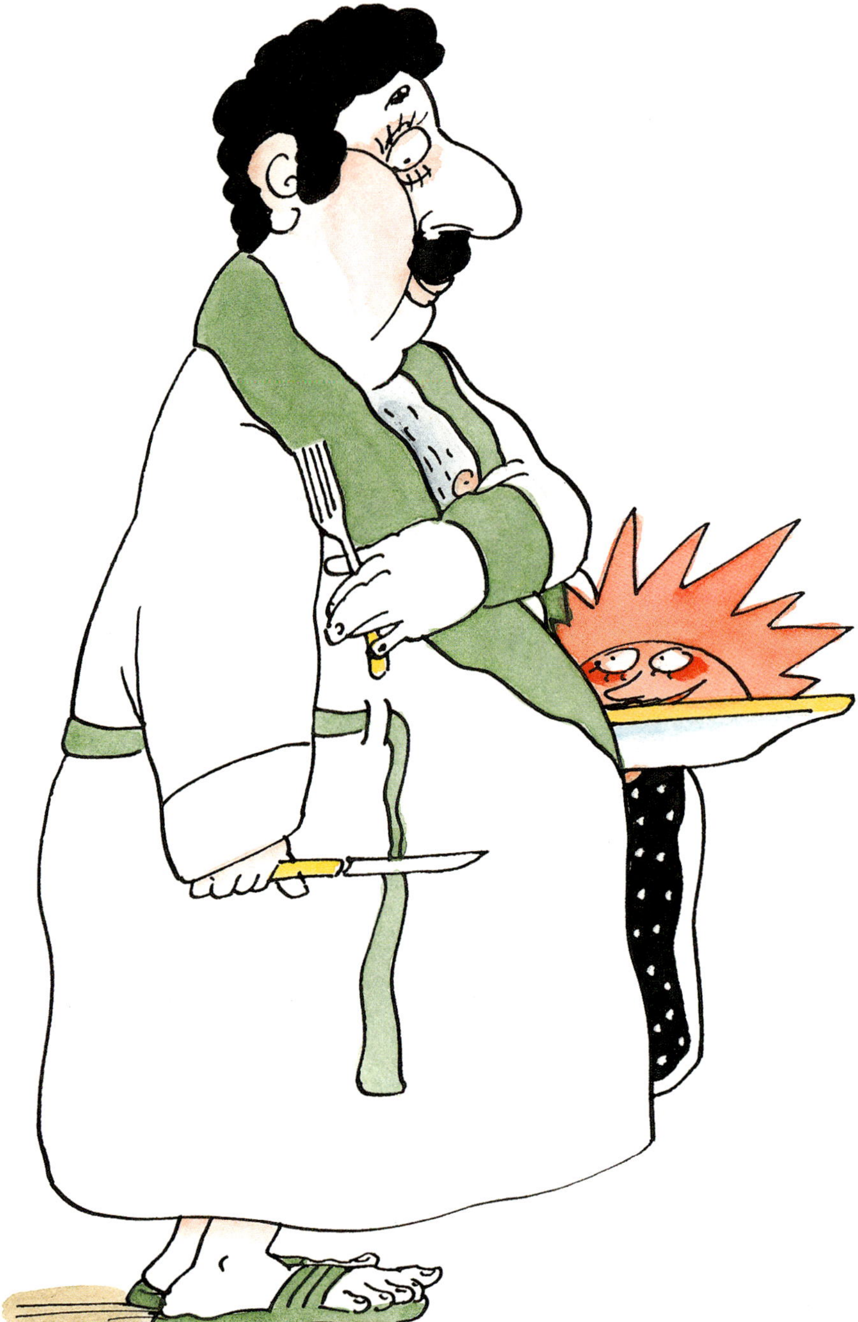

Das Kopfkissen der Belle Aurore

Der schwergewichtige Brillat-Savarin soll sich dieses Gericht, so die Legende, für seine Mutter ausgedacht haben. Alles an ihm war exzessiv, und man kann das *Kopfkissen der Belle Aurore* als proteinreichen und fetttriefenden Ausdruck einer fast inzestuösen Hingabe und grenzenlosen Liebe zu seiner Mutter interpretieren, oder aber als machiavellistischen Beitrag zu einer langsamen, aber sicheren Leberzirrhose. Wie die »Belle Aurore« dieses Kopfkissen aufgenommen hat, darüber ist nichts bekannt, ebensowenig über Behagen oder Beschwerden, die Brillats Gastrosophie seinen Zeitgenossen bescherte. Zugegeben, es ist ein außergewöhnliches Gericht, einer der Höhepunkte der schweren und aufwendigen Küche, das kaum ein Restaurant mehr auf der Karte führt. Ein Grund mehr, es in das Repertoire häuslicher Küchenpraktiken aufzunehmen, um die vielen freien Stunden vor einem Rendezvous zu füllen, und um hinterher als Lohn solcher Fron erleben zu können, wie das Gegenüber die Waffen streckt.

Nach einer kulinarischen Waffenschau diesen Ausmaßes wird wohl jeder Gast gerne den kurzen Weg gehen, der das Eßzimmer mit dem Schlafgemach verbindet. Möglicherweise empfiehlt es sich, wegen der schweren Verdaulichkeit dieses Kopfkissens, so zu lieben, daß die Körper sich nicht gegenseitig beschweren. Darüber hinaus verlangt ein so üppiges Gericht nach einem konventionellen und schweißtreibenden Geschlechtsakt, auch um der Trüffelausdünstungen willen, die das *Kopfkissen der Belle Aurore* in aller Regel nach sich zieht.

Keinesfalls hinterher duschen. Ein laues Bad in einer Wanne im Empire-Stil, aromatisiert mit Orangenblüten. Anschließend ein Glas eisgekühlten Champagners und ein weiterer Liebesakt, soweit die Lust nicht unter der Last der Gegebenheiten erstickt ist.

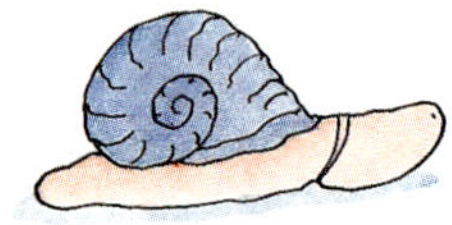

Zutaten für 5,5 Kilo:

500 g mageres Kalbfleisch, zur Hälfte in feine Streifen geschnitten, zur Hälfte gehackt
2 Rebhühner, das vom Knochen gelöste Fleisch in Streifen schneiden, Knochen und Leber beiseite legen
1 Hasenrücken, in Streifen schneiden, Knochen beiseite legen
1 Ente, in Streifen schneiden, Knochen und Leber beiseite legen
500 g mageres Schweinefleisch, zur Hälfte in Streifen geschnitten, zur Hälfte gehackt
250 g roher Schinken, zur Hälfte in Streifen geschnitten, zur Hälfte gehackt
2 Kalbsbriese, blanchiert und ausgepreßt, in Scheiben geschnitten
2 EL Olivenöl
30 cl Weißweinessig
2–3 Zwiebeln, in Ringe geschnitten
1 großer Zweig Thymian (ersatzweise 2 EL getrockneter Thymian)
250 g Speck, gewürfelt
250 g Hühnerleber
125 g gehacktes Knochenmark vom Rind
125 g Champignons, gehackt
125 g Butter
125 g Trüffel, geschält und gewürfelt, die Schalen hacken
2 Eier
2 Eidotter, mit 2 EL Wasser aufgeschlagen
60 g Semmelbrösel, in Brühe aufgekocht, bis eine gleichmäßige Masse entsteht
1 kg Blätterteig
125 g geschälte Pistazienkerne
Fond aus den beiseite gelegten Knochen, dick einkochen lassen
Salz und Pfeffer

- Sämtliches in Streifen geschnittenes Fleisch außer dem Schinken mit dem Kalbsbries vermengen; Olivenöl, Essig, Zwiebeln, Thymian zugeben und vermischen. Mit Salz und Pfeffer würzen und zwölf Stunden an einem kühlen Ort durchziehen lassen.
- Am nächsten Tag das gehackte Kalbfleisch, das gehackte Schweinefleisch, den Speck und den gehackten Schinken vermengen. Mit Salz und Pfeffer abschmecken.
- Geflügelleber und Champignons mit Salz und Pfeffer würzen und fünf Minuten in der Hälfte der Butter anbraten. Auskühlen lassen, mit dem Knochenmark vermengen, durch ein feines Sieb drücken und die Trüffelschalen hinzugeben.
- Beide Teigmassen mit jeweils einem Ei und der Hälfte der Semmelbröselmasse verkneten.
- Jetzt die Hälfte des Blätterteigs zu einem großen Rechteck von 1,5 cm Höhe ausrollen und auf ein gefettetes Backblech legen.
- In zehn bis zwölf Längsreihen mit marinierten Fleischstreifen und Schinkenstreifen belegen, wobei an jeder Seite des Teigrechtecks ein Rand von 7,5 cm freigelassen wird. Zwischen die Reihen gehackte Pistazien und Trüffelstückchen streuen.
- Diese Schicht mit Kalbfleisch-Schweinefleisch-Masse bedecken.
- Darauf kommt erneut eine Schicht mit marinierten Fleischstreifen, diesmal ohne Schinken. Dazwischen wieder Pistazien und Trüffel.
- Diese Schicht mit der Geflügellebermasse bedecken.
- Die Schichten abwechselnd wiederholen, bis das gesamte Fleisch aufgebraucht ist. Darauf die restliche Butter in Flöckchen verteilen.
- Den übriggebliebenen Teig bis auf einen Streifen, den man beiseite legt, ausrollen und die Paté damit bedecken.
- Die Teigränder anfeuchten, die untere Teigplatte über die obere legen und dabei einen hübschen Rand formen. An die untere Kante der Paté mit dem übriggebliebenen Teigstreifen eine Art Kopfkissenvolant formen.
- Die fertige Paté mit dem mit Wasser vermengten Eidotter bepinseln. Fünf Löcher in die Oberseite der Paté stechen und in jedes einen kleinen Schornstein aus dünner Pappe stecken.
- Im vorgeheizten Ofen bei 180 °C zwei Stunden backen. Sobald die Paté ein wenig abgekühlt ist, durch die Schornsteine den dickflüssigen Fond hineingießen.
- Auskühlen lassen, in den Kühlschrank legen und am nächsten Tag servieren.

Ein schlichtes, Wohlgeruch verströmendes Gericht, das Ihnen die zurückhaltende Neutralität des Reises und das unentschlossene Vortasten der Muscheln bescheren. Aber was für ein Aroma! An diesem Gericht müssen Sie ausgiebig riechen, mit der Nase dicht über der weiß-grüngetupften Reis- und Petersilienoberfläche. Und das möglichst auf einer Terrasse am Meer, wenn die Abendstunde ihr Doppelgesicht von Sonne und Mond hervorkehrt, manche zivilisierte Sprachen kennen dafür das Wort »capvespre«.

Zwischen Weiß und Glutrot auf einer sorgsam verglasten Terrasse am Atlantik, oder aber am Mittelmeer, auf einer offenen Jugendstilterrasse zwischen der sorglosen Pracht bunter Kacheln.

Man kann außerdem auch Samtmuscheln hernehmen, die sind zwar furchtbar sandig, dafür billig, und sie erlauben es Ihnen, die Nase Ihres Partners aus der Nähe kennenzulernen, ein Körperteil, das von außen betrachtet zwar keine besondere erotische Rolle spielt, sein Innenleben dafür um so mehr.

Reis mit Muscheln

Zutaten für 5 Personen:

500 g Risottoreis
500 g frische Muscheln
2 Knoblauchzehen
1 grüne Paprikaschote
1 Bund gehackte Petersilie
1,5 l Gemüsebrühe
100 ml Olivenöl

◆ Öl in einem großen Topf erhitzen, die gewürfelte Paprikaschote darin andünsten, bis sie weich wird. Anschließend den gehackten Knoblauch dazugeben. Sobald er goldbraun wird, Reis und Muscheln einrühren und andünsten. Die gehackte Petersilie dazugeben. Die Gemüsebrühe angießen und zehn bis zwanzig Minuten kochen, bis der Reis fast gar ist. Vom Herd nehmen und fünf Minuten nachquellen lassen.

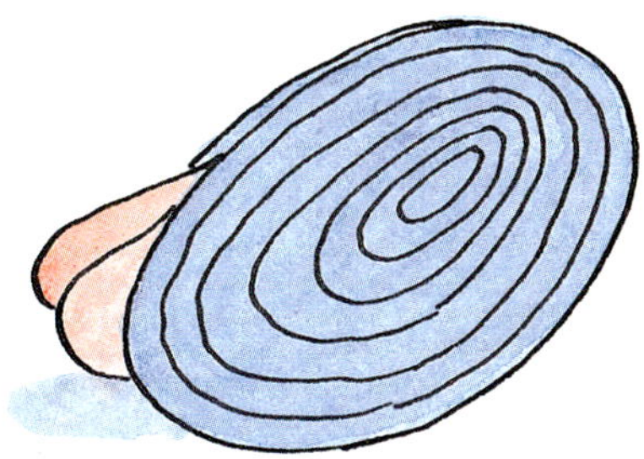

Dieses Rezept stammt aus Alexandria, woher sonst, obwohl es Apicius zugeschrieben wird – jenem neurotischen Koch und Gourmet, der ein Techtelmechtel mit Tiberius' Bruder Drusus gehabt haben soll, eine undurchsichtige Geschichte. Kein Zweifel hingegen besteht, daß wir es hier mit einer Speise aus mediterranem Urstoff zu tun haben, was nicht bedeuten soll, daß Auberginen als Beleg für die Undurchsichtigkeit des mediterranen Wesens gelten können. Zum unverzichtbaren ästhetischen Inventar jedes der mediterranen Welt huldigenden Gemäldes, Gedichtes oder Liedes – man denke an Giorgio de Chirico, Eugenio D'Ors, Joan Manuel Serrat – gehören Pinie, Lorbeerstrauch, Zitronen- und Olivenbaum. Hingegen ist noch niemand dahintergekommen, welcher Ausrutscher der Schöpfung dafür verantwortlich ist, daß Jehova – schließlich auch er irgendwie mediterran – ein derart unansehnliches und zwitterhaftes Ding wie die Aubergine in die Flora und Fauna des Mare Nostrum plaziert hat.

Damit fängt es nämlich schon an: Ist die Aubergine Gemüse oder Fleisch?

Keine gute Frage, um ein Abendessen zu beginnen, vergessen wir sie lieber, selbst wenn die Gäste am Tisch männliche Homosexuelle sind; dieses Gericht ist nämlich wie für sie geschaffen. Und weil eine geistreiche Einlage immer gut ankommt, gebe man im geeigneten Moment die Geschichte zwischen Apicius und Drusus zum besten, die sich im Schatten des verdatterten Tiberius abspielte. Nach Geschmack garniere man sie mit Anmerkungen über das phallisch-dämonische Aussehen der schwarzen Aubergine. Ein Gericht wie Sommer und Meer. Wie das Mittelmeer, wenn man so will. Im Idealfall sind die Gäste knackig braun.

Auberginen auf alexandrinische Art

Zutaten für 4 Personen:

4 kleine Auberginen
50 g Pinienkerne
12 Datteln
1 EL Honig
2 TL Rotweinessig
1/2 TL Sardellenpaste
1/2 Glas trockener Weißwein
1 EL Olivenöl
1/2 TL Koriandersamen
8 Blättchen frische Minze (ersatzweise 1/2 Tassenbeutel Pfefferminztee)
1/2 TL Kreuzkümmel (ganz oder gemahlen)
Pfeffer und Salz

- Die Auberginen in einer Schüssel mit kochendem Wasser überbrühen. Nach ein paar Minuten herausnehmen, abtropfen lassen und schälen. Nebeneinander in einen Topf legen.
- Pinienkerne und Datteln hacken und in einer Schale mit Honig, Essig, Sardellenpaste, Weißwein und Öl verrühren.
- Koriander, Minze und Kümmel in einem Mörser zerstoßen. Unter die anderen Zutaten mengen.
- Die Mischung auf den Auberginen verteilen.
- Die Auberginen zum Kochen bringen und bei schwacher Hitze fünfzehn bis zwanzig Minuten mit geschlossenem Deckel sanft köcheln lassen. Gegebenenfalls etwas Wasser und/oder Weißwein angießen.
- Mit Salz und Pfeffer abschmecken, servieren.

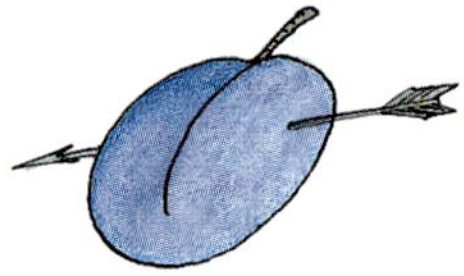

Wenn Sie zu den beneidenswerten Menschen zählen, die ein kompliziertes, literarisch angehauchtes und rothaariges Geschöpf bewirten dürfen, können Sie sich mit diesem Gericht, das sich in der römischen Küche großer Beliebtheit erfreut, der absoluten Glückseligkeit nahe fühlen: denn knusprig fritierte Zucchiniblüten sind wie die knusprige Lyrik eines Nordamerikaners aus den Südstaaten. Können Sie mir folgen?

Also, das hier vorgestellte Gericht könnte in einer Tragödie von Tennessee Williams oder García Lorca auftauchen, aber nie in einer Tragödie von Ibsen oder Strindberg. Sollte der eingeladene Rotschopf eine Frau sein, geht es nicht ohne Florentinerhut, außerdem sollten Sie darauf bestehen, daß sie sich Ohren und Dekolleté mit den gebackenen Blüten behängt und sie mit dem Mund pflückt. Um die Sache perfekt zu machen, beißt sie so zartfühlend in die Blüten, daß deren Verzehr geräuschlos vonstatten geht, trotz der knusprigen Konsistenz der Backblüten. Ausnahmen wie diese bestätigen keinerlei Regel.
Sonst würden wir heute Blüten backen und morgen schon Meerwasser vom Cap Sounion in Dosen verkaufen. Dennoch sollte man sich dieser Blüten annehmen, schließlich verhalten sie sich zur Zucchini wie Nabokovs Lolita zu ihrer Mutter: von so zarter und flüchtiger Natur, daß ihnen nicht einmal Zeit bleibt, sich ihrer selbst zu erinnern.

Zucchiniblüten in Bierteig

Zutaten für 6 Personen:

18 Zucchiniblüten
2 Zwiebeln
100 g Semmelbrösel
3 Eidotter
3 EL gehackte Petersilie
1 EL geriebene Zitronenschale
60 g Butter
Öl zum Fritieren, zum Beispiel Maiskeimöl
125 g Mehl
2 EL zerlassene Butter
0,2 l helles Bier
1 Eiweiß
Salz und Pfeffer

- Für die Zubereitung des Teigs Mehl und eine Prise Salz in eine Schüssel geben und die 2 EL zerlassene Butter in die Mitte gießen. Gut durchkneten und schluckweise das Bier zugeben. Eine Stunde ruhen lassen.
- In einer Pfanne 60 g Butter zerlassen und die gehackten Zwiebeln darin andünsten. In einer Schüssel Semmelbrösel, Eidotter, Petersilie und Zitronenschale vermengen. Salzen und pfeffern und die Masse in die Zucchiniblüten füllen.
- Das Eiweiß zu festem Schnee schlagen und unter den Teig heben. Die gefüllten Blüten nun durch den Teig ziehen und sofort im heißen Fett fritieren. Wenn sie eine goldbraune Färbung angenommen haben, mit einem Schaumlöffel herausnehmen und auf Küchenpapier abtropfen lassen.

Seite 30

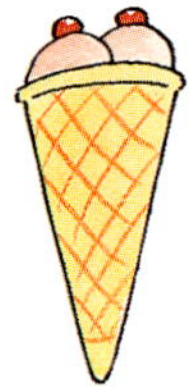

Ein Gericht für Soziologen, Anthropologen und sozialdemokratische Wirtschaftsfachmänner, die bei jeder Wirtschaftskrise Verzicht predigen, egal ob zyklische Krise oder Strukturkrise. Finanzbeamte beiderlei Geschlechts dürften allein beim Anblick der Artischockenfrucht vor Erregung einen Schock erleiden. Zudem können sie sich an der Sparsamkeit im Schlemmen laben, an dem stimulierenden Gefühl, zu wissen, daß die faserige Pflanze mit so preisgünstigen Zutaten wie zwei Eidottern und zwei Sardellenfilets angereichert worden ist. Ein klassisches Nachkriegs- oder Zwischenkriegsgericht, das vorzüglich zu einem Gedenkabendessen passen würde, ohne elektrisches Licht und mit einer schäbigen Scheibe Kommißbrot, die aussieht, als habe man sie auf Lebensmittelmarken bekommen. Sollte ein Liebesakt vorgesehen sein, empfiehlt es sich dringend, die Heizung nicht aufzudrehen, damit die Partner auch ein wenig ins Frösteln kommen. Ich empfehle dieses Gericht besonders ehebrechenden Bildungsbürgern, die in einem Arbeitervorort einer Industriestadt eine elende Bruchbude angemietet haben. Allerdings verlangt das Gericht als unverzichtbare Begleitung eine Flasche Roederer Cristal und eine Vorspeise mit Kaviar, meinetwegen mit »Deutschem Kaviar«, weil der weniger kostet und nach Armeleutekaviar schmeckt, beziehungsweise nach emanzipierten Sklavennachfahren in einer Kneipe in New Orleans.

Kardonen für arme Leute

Zutaten für 4 Personen:

750 g Kardonen (ersatzweise Artischocken)
1 Schalotte
2 Sardellenfilets
1 TL Mehl
$^1/_4$ l Kalbsfond
1 EL gehackte Petersilie
1 Knoblauchzehe
2 Eidotter
1 EL Essig
4 EL Olivenöl
Salz und Pfeffer

- Salzwasser zum Kochen bringen und die Kardonen fünf Minuten blanchieren.
- Abtropfen lassen, in kaltes Wasser tauchen und Häute und Fasern entfernen. Grob in Stücke schneiden.
- In einem Topf Olivenöl erhitzen, die Schalotte fein würfeln, die Sardellenfilets abspülen, beides in Öl andünsten, bis die Schalotte weich ist und die Sardellen zerfallen.
- Mehl einrühren und anschließend den Fond zugießen, mit Salz, Petersilie, dem fein gehackten Knoblauch und Pfeffer würzen, anschließend die Kardonen dazugeben. Zwanzig Minuten auf kleiner Flamme garen, die Flüssigkeit soll dabei etwas einkochen.
- Eidotter mit dem Essig aufschlagen und ein paar Löffel in die Kochflüssigkeit einrühren.
- Topf vom Herd nehmen, Eidotter jetzt vollständig in die Kochflüssigkeit einrühren und alles noch einmal kurz erhitzen, jedoch nicht zum Kochen bringen.

Meinen Sie bloß nicht, das Entscheidende an dieser Cremesuppe wären die zu gleichen Teilen enthaltenen Shrimps und Krebse. Hartnäckig hält sich der Glaube, Meeresfrüchte wären das Aphrodisiakum schlechthin. Ich halte das für pure Einbildung, auch wenn eine ganze Kultur auf dem irrigen Grundsatz aufbaut, eine Auster sei die kürzeste Verbindung zwischen Tisch und Bett. Auf jeden Fall sollte man sich hüten, Meeresfrüchte zusammen mit einem kindischen, gerne kichernden Menschen zu essen, da es nicht selten vorkommt, daß das viele Hin und Her zwischen Messer und Gabel den Tierchen nicht bekommt und sie in die ungelegensten Richtungen abhauen, manchmal sogar auf den Fußboden. Und ein Malheur mit Lachen zu quittieren ist Gift für die Liebe und kann zu plötzlichem Unwohlsein führen, wenn nicht sogar zu vorübergehender Impotenz.

Mit einer *Cremesuppe aus Meeresfrüchten* haben Sie das Problem vom Tisch, denn einerseits können Sie von dem erotischen Mythos profitieren, andererseits schließen Sie das Risiko eines Malheurs aus. Gleiche Vorzüge besitzt die Auster, vorausgesetzt, der, der sie öffnet, beherrscht sein Metier oder ist ein sehr guter Freund.

Cremesuppe aus Meeresfrüchten

Zutaten für 6 Personen:

500 g Shrimps
500 g Taschenkrebse
150 g Riesengarnelen
2 Tomaten
1 Zwiebel
1/2 Stange Lauch
2 Karotten
1 Chilischote
4 Knoblauchzehen
3 Lorbeerblätter
1 Zweig Estragon (ersatzweise 1 TL getrockneter Estragon)
1 Zweig Thymian (ersatzweise 1 TL getrockneter Thymian)
100 g Mehl
6 cl Cognac
1/4 l trockener Weißwein
1,5 l Fischfond
2 EL Öl
Salz

- Öl in einer Pfanne erhitzen und die grob zerkleinerten Zwiebeln, Lauch und Karotten zusammen mit der Chilischote, den geschälten Knoblauchzehen, Lorbeerblättern, Estragon und Thymian darin andünsten.
- Sobald das Gemüse eine goldbraune Farbe annimmt, Mehl einrühren, Cognac und Weißwein zugeben.
- Nach ein paar Minuten geviertelte Tomaten, Shrimps, Krebse und Riesengarnelen dazugeben und den Fischfond hinzugießen. Eine halbe Stunde auf mittlerer Flamme kochen lassen.
- Vom Herd nehmen und durch ein Sieb passieren.
- Mit Salz abschmecken und warm servieren.

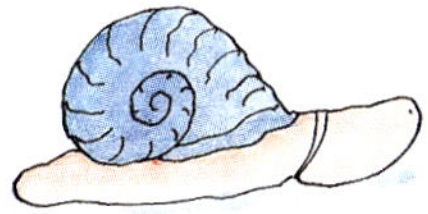

Die Holländer haben die indonesische Küche ins Esperanto übertragen, das mußten die Indonesier einfach so schlucken. Eine der grausamsten Enteignungen haben die Kolonialherren an den Küchen der Kolonien verübt: eine regelrechte Ausweidung und Plünderung des inniglichsten und intimsten Erinnerungsschatzes, dem des Gaumens. Herzstück ist das Terasi.

Es spielt die gleiche Rolle wie das Garum in der wiederbelebten römischen Küche oder wie die Fischsauce in der Küche Südostasiens. Terasi ist ein verheißungsvolles Wort, imstande, erotische Phantasien zu beflügeln. Man muß schon sehr verstockt sein, um nicht dahinzuschmelzen, sobald man weiß, daß die Speise auf dem Teller Terasi beinhaltet. Sagen wir so: Jemand, der unbedingt ein Gericht mit Terasi essen möchte, trägt die Sünde schon in sich. Anständige Leute kämen nie auf die Idee, Terasi zu probieren. Ich empfehle dieses Gericht für Gelegenheiten, bei denen einer der zwei oder drei Anwesenden (mehr als drei würden den Abend sprengen) Stewardeß oder Steward ist. Man könnte mich fragen, warum ich die Piloten ausklammere. Nun, Piloten sind meistens so präpotent, daß sie der *Gemüse auf indonesische Art* nicht bedürfen, um die Grenze zwischen Eßzimmer und Schlafgemach zu überwinden. Männer mit angeberischen Herrendüften und halbseidenen Taschentüchern, die nichts anderes im Kopf haben, als Eindruck zu schinden. Stewardessen und Stewards hingegen errichten ihre Liebesbauwerke redlich auf den bescheidenen Grundsteinen ihrer Erinnerungen, auch der gastronomischen.

Gemüse auf indonesische Art

Zutaten für 4 Personen:

2 Schalotten
1 TL Terasi (ersatzweise 2 EL Austernsauce)
2 EL Pflanzenöl
60 g Karotten
60 g Blumenkohl
60 g grüne Bohnen
½ TL Cayennepfeffer oder geschrotete Chilischoten
1 TL dicke Sojasauce
6 EL Wasser
60 g Sojasprossen
Salz und Pfeffer

- Terasi ist eine dunkle Garnelenpaste, man kann sie notfalls durch Austernsauce ersetzen.
- Schalotten kleinhacken und mit dem Terasi in einer großen Pfanne andünsten.
- Karotten, Blumenkohl und Bohnen in feine, ungefähr drei Zentimeter lange Stifte schneiden. Zusammen mit dem Cayennepfeffer zu dem Terasi in die Pfanne geben und unter ständigem Rühren zwei Minuten bei kräftiger Hitze anbraten.
- Sojasauce und Wasser hinzufügen und die Pfanne mit einem Deckel schließen.
- Nach zehn Minuten aufdecken und ohne Deckel zwei Minuten weiterkochen lassen.
- Sojasprossen dazugeben und mit Salz und Pfeffer abschmecken. Drei Minuten unter Rühren weiterkochen lassen, heiß servieren.

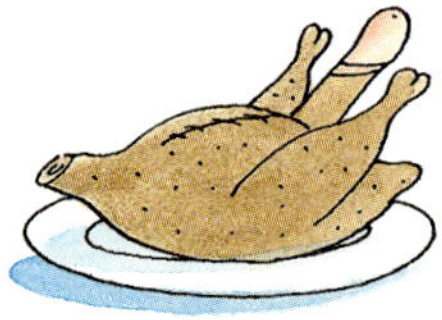

Crépinettes sind das Ergebnis filigraner kunsthandwerklicher Arbeit, ein Gefiesel im Dienst des Gaumens, in dem sich die französische Küche, vor allem die große Küche der Regionen, zu der Zeit geübt hat, als kulinarischer Wert sich mehr an der Verpackung von Zutaten maß als an den Zutaten selbst, wie das bei kulinarischen Modeerscheinungen immer wieder der Fall ist. Die Metaphysik der *Crépinettes mit Hühnerleber* wurzelt in dem Volumen und in der speckigen Konsistenz des Schweinenetzes sowie in der geschmacklichen Hegemonie von Leber und Estragon, einem im alten Rußland heimischen Kraut, das sämtlichen kalten Kriegen trotzen und seine universelle Wirkung bewahren konnte.

Ein Gericht, umgeben von einer gewissen feierlichen Aura. Es eignet sich vorzüglich, wenn ein Paar ein Jubiläum begehen möchte; das muß kein Jahrestag sein, einfach irgendein Zeitraum. Jedoch wäre es unpassend, damit eine Bekanntschaft von nur wenigen Stunden oder Tagen zu feiern. Minimum: eine Woche. Nach einer Woche gegenseitigen Beschnupperns kann ein Paar seine gebeichteten oder geheimen Lüste über dem milden Dampf dieser leichten Speise beschwören, ein Festessen für Freiberufler mit dem Privileg, Mußestunden und Mahlzeiten beliebig in die Länge dehnen zu können, obwohl auch sie inzwischen kürzertreten müssen.

Einem jungen Paar ist von *Crépinettes* abzuraten, zumal sie sich gewiß über die aufwendige Herstellung lustig machen und am Ende noch auf die Idee kommen würden, Leber und Spinat getrennt zu servieren.

Es mag unverdrossene Eroberer geben, die eine spöttelnde Bemerkung nicht so leicht aus dem Tritt bringen kann, schon gar nicht auf der Zielgerade Richtung Bett. Aber jeder Koch mit einem Minimum an Sensibilität wird ernüchtert sein, wenn sein Gegenüber über seine Küchenkunst scherzt. Überhaupt ist davon abzuraten, sich vor dem fünfundzwanzigsten Lebensjahr auf gastronomisch-sexuelle Assoziationen einzulassen. Bis auf bemerkenswerte Ausnahmen hat die Zunge bis zu diesem Alter die prälogische Entwicklungsphase noch nicht überwunden.

Crépinettes mit Hühnerleber

Zutaten für 3 bis 4 Personen:

6 Hühnerlebern
2 EL kräftiger Wein, z. B. Marsala oder Portwein
200 g Schweinenetz (Eingeweidehaut des Bauchfells), in 6 Quadrate mit 10 cm Seitenlänge geschnitten
100 g frischer Spinat
200 g Bratwurst
1 Schalotte
1 Eiweiß
1 TL Estragon
Salz und Pfeffer
30 g Butter

- Hühnerlebern in Wein marinieren und pfeffern. Spinat blanchieren und abtropfen lassen.
- In einer Schüssel die Bratwurst ohne Haut mit der feingewürfelten Schalotte und dem Eiweiß und der Hälfte des Estragons vermengen, den Saft der Marinade dazugeben. Mit Salz und Pfeffer abschmecken.
- Auf einer glatten Arbeitsfläche die sechs Quadrate ausbreiten. Jeweils in die Mitte ein Häufchen der Füllung setzen, darauf jeweils eine in Spinatblätter eingewickelte Hühnerleber setzen, und darauf wieder ein Häufchen aus der restlichen Füllung.
- Das Schweinenetz nach oben zusammenklappen und die fertigen Crépinettes mit den Nähten nach unten auf ein mit Butter eingefettetes Backblech setzen.
- Zehn Minuten bei 180 °C im Ofen backen.
- Nachdem man die Crépinettes vom Blech genommen hat, mit etwas Wasser die Rückstände auf dem Blech ablösen und die daraus gewonnene Flüssigkeit in einen kleinen Topf gießen. 30 g Butter in Stückchen hinzugeben und bei schwacher Hitze mit dem Schneebesen unterschlagen.
- Die fertige Sauce über die Taschen gießen und alles mit etwas gehacktem Estragon garnieren.

Im Altertum galten Eier als Spender von Manneskraft, womit ich natürlich nicht die Hoden meine – wie vulgär! –, sondern das Ei als Urzelle des Lebens. Ob vom Vogel Strauß oder von der Taube, Eier fehlen bei keinem Verführungsmahl, seit der Mensch mit der Angst die Phantasie entdeckt und kurzerhand jede Ursache in Heilmittel verwandelt hat; seitdem treibt man den Teufel mit dem Beelzebub aus und setzt Gifte als Gegengifte ein. Das Ei, Ursprung des Lebens, abstrakte und konkrete Fruchtbarkeit zugleich, ist seitdem Inbegriff von Sexualität geworden, und dabei ist es egal, ob es vom Strauß stammt oder vom Stör.

Unser Gericht hat den Vorzug, daß es die Eier mit Cayennepfeffer scharf macht, ohne ganz plump »harte Eier mit Paprika« zu sein, wie sie mir einmal an irgendeinem Bahnhof im spanischen Hinterland begegnet sind. Sie ließen mich, wie gekochte Eier generell, an impotente Choleriker denken, und die Paprikaummäntelung fand ich peinlich.

Eierspeise »Das gute Leben«

Zutaten für 1 Person,
die neue Kräfte sammeln muß:

1 EL Butter
1 große Scheibe milder roher Schinken
1 TL karamelisierter Zucker
1 TL Essig
1 TL Cayennepfeffer
3 Eier (mindestens)

◆ Butter in einer Pfanne erhitzen, Schinken darin anbraten, sofort Karamel und Essig zufügen; alles in eine feuerfeste Form geben; Eier darüberschlagen und mit reichlich Cayennepfeffer würzen.

◆ In den auf 200 °C vorgeheizten Ofen schieben, bis die Eier durchgebacken sind; sofort servieren.

Die Entdeckerin der Sauce »Mole Poblano« war eine mexikanische Nonne, die dem spanischen Vizekönig ihre Dankbarkeit zeigen wollte. Jedoch deutet alles darauf hin, daß die nach außen so fromme Nonne in ihrem Unterbewußtsein von präkolumbianischen Höllenhunden mit fürchterlichen Reißzähnen angefallen worden sein muß.

Ein Schwefelgeruch steigt von dieser schmackhaften Sauce auf, die zu allem paßt, was ein Liebeshungriger gerne verschlingt, ungefähr so, wie einige berühmte Heilige flüssiges Blei getrunken haben.

Die *»Mole Poblano«* ist köstlich schokoladiges, flüssiges Blei, fähig, die verborgensten Körperstellen von Mann und Frau zu erwecken, so daß die Haare sich aufstellen, die Haare am ganzen Körper und am Ende auch der Penis, ein steiler Speer auf dem Schlachtfeld der Genüsse, und dabei ist man gar nicht so sehr auf Heldentaten in der Liebe aus, sondern möchte nur Reißaus nehmen vor einer Welt, in der Teufel frommen Nonnen Saucen aus flüssigem Blei einflüstern.

Pute mexikanische Art

Zutaten für 6 Personen:

1 kleine Pute (ca. 3kg)

für die Sauce »Mole Poblano«:
3 Chili chilpotle (kleine, rote und scharfe Chilischoten, in Dosen erhältlich)
225 g Chile mulato, (grüne milde Chilischoten, ersatzweise Paprikaschote)
200 g Chile pasilla (dunkle milde Chilischoten)
8 Pfefferschoten
4 Tomaten
85 g Sesamsamen
1 TL Anissamen
115 g Mandeln
85 g Erdnüsse
85 g Rosinen
30 g Weißbrot (1 Scheibe)
1 Tortilla (kleiner Fladen aus Maismehl)
3 Zwiebeln
6 Knoblauchzehen
60 g bittere Schokolade
5 Nelken
1 Stück von einer Zimtstange
200 g Schweineschmalz
2 l Brühe

- Die Pute grob in Stücke zerteilen und in einem großen Topf in einem Teil des Schweineschmalzes anbraten. Die Chili chilpotle von ihren Strünken befreien, kurz kochen und zusammen mit den Tomaten kleinhacken; zu der Pute geben. Mit einem Liter Brühe aufgießen und salzen.

- Sämtliche Chili- und Pfefferschoten putzen (Strunk und Kerne entfernen) und in einem kleinen Topf in Schmalz anbraten, bis sie leicht goldbraun werden; Anis und Sesam in einer trockenen Pfanne rösten.

- Mandeln, Erdnüsse, Rosinen, Weißbrot, Tortilla und restliche Gewürze in einem weiterem Topf mit dem restlichen Schmalz anbraten; mit den zuvor angebratenen Chilis, dem gerösteten Anis und Sesam, den gehackten Zwiebeln und Knoblauchzehen verrühren; ein Liter Brühe zugießen, Schokolade darin auflösen. Wenn die Pute gar ist, zufügen; alles zusammen köcheln lassen, bis die Flüssigkeit eingedickt ist. In einer Tonschüssel anrichten und gerösteten Sesam darüberstreuen.

Das Gericht, das ich Ihnen hier vorstelle, ist magisch, ein Wanderer durch Zeit und Raum. Obwohl es seinen Ursprung in Kastilien hat, paßt es genausogut in die Tropen wie nach Lappland, man ißt es zu jeder Uhrzeit, egal ob um zwölf Uhr mittags oder um vier Uhr morgens. Eine geniale Schweinerei, die mehr zu Spaniens Ansehen beitragen kann als eine halbe Tonne Hirnmasse universalgelehrter Exilspanier. Allerdings ist es schwierig, einen geeigneten Partner für die Pastete zu finden. Sie paßt ausgezeichnet zu Japanerinnen, was aber nicht gleich heißt, daß ihr westlicher Tischherr in der Hocke essen muß, denn diese Körperhaltung empfiehlt sich eher zur Darmentleerung (in der Hocke kann man weder lesen noch Vivaldi hören, denn die vektorielle Zugkraft ist zu gewaltig). Meiner Meinung nach nehmen einige alte Kulturen ihre Mahlzeiten aus religiösen und metaphysischen Gründen in der Hocke zu sich, um eine Brücke zu schlagen zwischen der Nahrungsaufnahme und ihrer endgültigen Bestimmung.

Sollten Sie keine Japanerin kennen, empfehle ich Ihnen, nach Vertreterinnen anderer exotischer Ethnien Ausschau zu halten, denn eine Europäerin verputzt Ihnen die *Morteruelo-Pastete* im Nu.

Pastete Morteruelo

Zutaten für 1 Pastete für 8 bis 10 Personen:

1 Hase
1 Huhn
250 g Pökelfleisch oder geräucherter Schinken
1 kg Schweineleber
500 g Schweineschmalz
150 g Semmelbrösel
6 – 7 Walnüsse
Paprika, Pfefferkörner, Nelken, Zimt, Kümmel, Salz

◆ In einem großen Topf den Hasen, das Huhn, die Schweineleber und das Pökelfleisch in Salzwasser auf schwacher Flamme etwa drei Stunden köcheln lassen, bis das Fleisch fast zerfällt. Sud abgießen und aufbewahren, das magere Fleisch vom Knochen lösen, Haut, Sehnen usw. entfernen.

◆ Das ausgelöste Fleisch nun sehr fein hacken und mit den Semmelbröseln vermengen. Mit dem durchgeseihten Kochsud und dem Schweineschmalz in einen Topf geben, mit Kümmel, Paprika, Zimt, Salz, Nelken und Pfefferkörnern würzen.

◆ Sehr langsam einkochen lassen, bis die Flüssigkeit weitgehend verdampft ist. Kurz vor Ende die zerstampften Nüsse dazugeben.

◆ Kann warm oder kalt serviert werden. Zum Aufbewahren in eine Terrinenform streichen und mit einer Schicht Schweineschmalz abdecken.

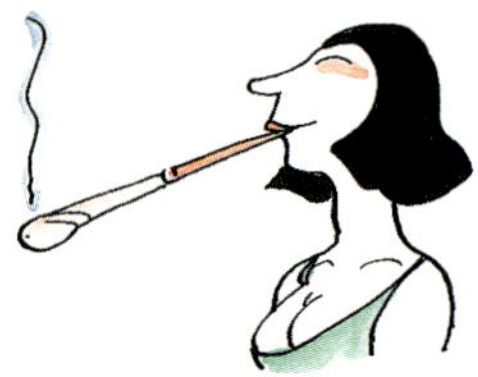

Ein Gericht für ehemalige Spanischprofessoren nordamerikanischer Universitäten, die zu genug Geld gekommen sind, um bei Kerzenlicht Austern für zwei servieren zu können. Ein kapriziöses Gericht, das man bei Tisch sitzend zu sich nehmen kann, oder aber hingegossen auf einer Chaiselongue mit vielen Kissen, was es Ihnen erlaubt, sich die Happen gegenseitig zu verfüttern, Auster für Auster, Kuß für Kuß, und die Sauce aus Mayonnaise und Selleriesalz findet wunderbar Verwendung als Balsam für kühlere oder als Vaseline für unzugänglichere Zonen. Da der Exprofessor oder die Exprofessorin vermutlich sehr rational sind, sei ihnen zugestanden, zwei Minuten lang die Problematik eines Volkes darzulegen, das aus Ekel vor der Nacktheit der Auster so pragmatisch ist, sie mit Mehl und Ei zu umhüllen, damit sie aussieht und sich anfühlt wie eine Krokette.

Ein Mahl für reife Paare, und das nicht allein wegen der erforderlichen Kaufkraft, sondern weil man erst ab vierzig gegenüber der Lust und der Natur skeptisch genug ist, um zwei Dutzend Austern zerstören zu können, wohlgemerkt zerstören, indem man sie aus purer Neugier in etwas anderes verwandelt, ohne daß man wirklich sagen könnte, was dieses andere ist.

Weise und sehnige Körper also, die an einem winzigen Objekt der Begierde hängen: an panierten Ufos, die man wie der kleine Däumling über dem Körper des Geliebten verteilt, für den Hin- oder für den Rückweg, Hauptsache der Weg ist möglichst lang. Unverzeihlich wäre es, als zweiten Gang ein *New York Steak Sirloine* zu servieren. Besser *Stockfisch baskische Art*, wunderbar ölig und gelatinös.

Austern Maryland

Zutaten für 2 Personen:

2 Dutzend Austern
2 Eier
$^1/_2$ TL Selleriesalz
1 Tasse Semmelbrösel
100 g Butter
2 Dutzend kleine Scheiben Weißbrot

◆ Die Austern öffnen und das Fleisch in der Austernflüssigkeit erwärmen. Die Eier aufschlagen, mit einem Löffel kochendem Wasser verrühren, mit einer Messerspitze Selleriesalz würzen.

◆ Die Austern zuerst durch das Ei ziehen und anschließend in Semmelbröseln wenden. Butter in einer Pfanne erhitzen und Austern darin braten. Wenn die panierten Austern eine goldene Färbung annehmen, aus der Pfanne nehmen und auf getoasteten Weißbrotscheiben servieren.

◆ Dazu kann man einen Dip aus Mayonnaise mit Selleriesalz reichen.

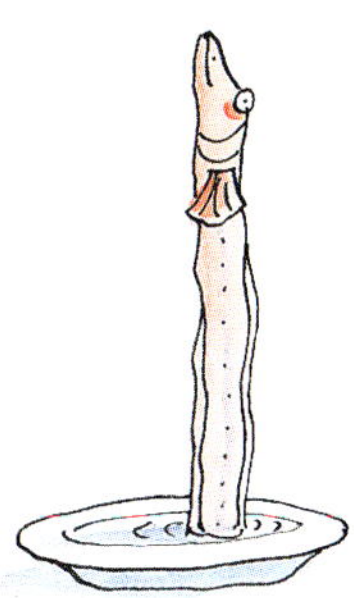

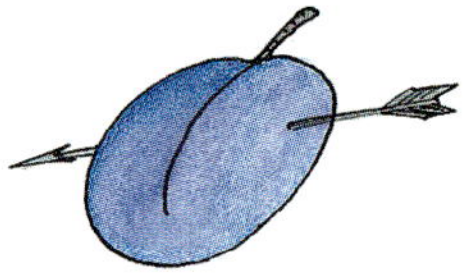

Ostern ist das Fest der Wiederherstellung, der geeignete Anlaß also für ein Treffen zwischen Expartnern, und zwar nicht in einem Restaurant, sondern bei ihm zu Hause, wo der fertige Osterkuchen bereitsteht, den er heimtückischerweise mit Muskatnuß gewürzt hat. Muskatnuß ist nicht gleich Muskatnuß. Man unterscheidet zwischen achtzig Arten, wobei nach Expertenmeinung die kleinere, aber aromatischere weibliche Muskatnuß von wildwachsenden Bäumen vorzuziehen ist.

In seiner Schrift »Hygiene der Liebe« verteidigt Mantegazza die aphrodisierenden Kräfte dieses Gewürzes, während Ernährungswissenschaftler sich bislang lediglich zu der Aussage durchringen konnten, die Nuß besitze eine harntreibende Wirkung. Gar nicht so weit entfernt, aber nicht das gleiche, und dennoch darf man die würzende Nuß nicht unterschätzen, und schon gar nicht die erotische Stimulation, die diese Pastete für ein intimes Mahl qualifiziert. Erst recht, wenn man dazu einen guten Sauternes ausschenkt, einen exzellenten Wein für Fleischpasteten, Foies und Patés. Was die Wahl des geeigneten Gegenübers angeht, sehen Sie sich bei Ihren Verflossenen und vielleicht erneut Dahinschmelzenden um. Eigentlich aber muß der Adressat eines deftigen Osterkuchens, gefüllt mit so viel feinem und weniger feinem Fleisch, selbst zum Seitensprung fähig sein. Zumindest einer der beiden Partner sollte verheiratet sein, möglichst unglücklich, und im Idealfall haftet der Verabredung in der Wohnung etwas Zufälliges an, etwas von einer Fußgängerinsel im rauschenden Verkehr, und der Osterkuchen ist dann ein verstohlenes Mahl, wie es in Liedern vorkommt, die die verbotene Liebe besingen.

»Und so nähre ich Deine Küsse mit meinem Brot.«

Vielleicht habe ich keltiberische Mythen im Hinterkopf, wenn ich Blonden solcherart Dialektik nicht zutraue. Brünette Frauen essen mit gesundem Appetit, während Blondinen, zumindest in südlichen Ländern, die Unlust ins Gesicht geschrieben steht, eine einstudierte, erregende Unlust. Auf jeden Fall bietet der Osterkuchen mannigfaltige Einsatzmöglichkeiten – räumlich wie zeitlich –, und begleitet von einem guten Sauternes kann jedes Paar unter seiner Wirkung lang und breit glücklich werden. Trios und andere polygone Konstellationen sollten jedoch die Finger davon lassen. Bei mehr als zwei Leuten kommen nur Brathühnchen und Kanapees als Speisung in Betracht.

Deftiger Osterkuchen

Zutaten für 4 Personen:

1 kg mageres Hackfleisch vom Schwein
500 g gehacktes Kalbfleisch
1 Zwiebel
½ Bund Petersilie
300 g Mürbteig
8 hartgekochte Eier
1 rohes Ei
60 g Butter
1 Lorbeerblatt
Muskatnuß
Salz und Pfeffer

- Zwiebel und Petersilie hacken. Unter das Hackfleisch mengen, salzen und pfeffern. Mit einem Drittel des Teigs eine feuerfeste ovale Form auskleiden. Gekochte Eier längs halbieren, mit Salz und Muskatnuß bestreuen und die weiche Butter daraufstreichen. Jetzt die Hälfte der Füllung in der Form verteilen, die Eihälften darauflegen. Die restliche Füllung darüber verteilen und das feingehackte Lorbeerblatt darüberstreuen.
- Ein weiteres Drittel des Teigs zu einer Teigplatte ausrollen, die man als Deckel auf die Pastete setzt. Das letzte Drittel des Teigs ausrollen, in Streifen schneiden und die Pastete damit verzieren. Mit dem verrührten Ei bepinseln.
- Im vorgeheizten Backofen bei 170 °C zwei Stunden backen.

Maites warme Pilzpaté

Ein Rezept des Königs Arzac, das die uralte und wundervolle Versessenheit der Basken – auf beiden Seiten der spanisch-französischen Grenze – für Pilzpatés zu neuem Leben erweckt. Über die sündigen Seiten von Pilzen ist schon viel geschrieben und gemalt worden, über ihre unterweltlichen Eruptionen genauso wie über die Abgeschiedenheit ihrer Fundorte.

Das Wasser läuft einem schon im Mund zusammen, wenn Maite Pilze sammelt, denn das Pilzesammeln ist die weibliche Tätigkeit, bei der früher soviel wie sonst nie von dem ovalen Bogen ihrer Kurven zu sehen war, wenn die weißen Schenkel aufblitzten, gerötet von den Klipsen der Strapse, während der Slip rundum nacktes Fleisch zur Schau stellte, ausgenommen der schmale Steg, der sich Kimme nennt.

Maite sammelt Pilze für eine heiße Paté ... Noch nie haben sich so viel Fleisch und so viele sprießende Strünke zusammengetan, um ein sündiges Gericht noch sündiger zu machen.

Zutaten für 8 Personen:

Für die Paté:
1 kg Pilze nach Wahl
1 kleine Zwiebel
4 Knoblauchzehen
4 Eier
1/4 l süße Sahne
1/4 l Demi-glace (oder braune Mehlschwitze)
0,1 l Olivenöl
100 g Butter
1/2 Tasse Semmelbrösel
Salz und Pfeffer

Für die Sauce:
1 kg Pilze derselben Sorte wie für die Paté
1 kleine Zwiebel
4 Knoblauchzehen
1,5 l Gemüsebrühe
0,1 l süße Sahne
0,1 l Olivenöl
100 g Butter
Salz und Pfeffer

- Zubereitung der Paté: In einem Topf das Öl und die Hälfte der Butter erhitzen, die gehackte Zwiebel darin andünsten. Wenn sie zu schwitzen beginnt, den feingehackten Knoblauch zugeben. Sobald alles eine goldbraune Färbung annimmt, die geputzten und halbierten Pilze dazugeben, umrühren, salzen und pfeffern.
- Wenn die Pilze gar sind (abhängig von Größe und Sorte), vom Feuer nehmen und beiseite stellen.
- In einer großen Schüssel die Eier schaumig schlagen, Sahne und Demi-glace einrühren, schließlich die Pilze untermengen, salzen und pfeffern und gut verrühren.
- Eine feuerfeste, am besten beschichtete Form mit Butter einfetten, mit Semmelbröseln bestreuen, und die Patémasse einfüllen.
- Die Form in dem auf 225 °C vorgeheizten Backofen ins Wasserbad stellen. Ungefähr zwei Stunden lang garen, zur Kontrolle mit einem Spieß hineinstechen. Aus dem Ofen nehmen, auskühlen lassen und stürzen.
- Für die Sauce Öl und die Hälfte der Butter in einem Topf erhitzen, die gehackte Zwiebel andünsten, dann den gehackten Knoblauch zugeben. Sobald alles eine goldbraune Färbung annimmt, die geputzten und halbierten Pilze zugeben. Mit Salz und Pfeffer abschmecken.
- Wenn die Pilze gar sind, alles durch ein Sieb passieren. Die gewonnene Sauce wieder auf den Herd stellen und die Gemüsebrühe zugießen, bis auf einen kleinen Rest, den man eventuell später zum Verdünnen braucht.
- Die süße Sahne zugießen und eine Viertelstunde köcheln lassen. Mit Salz und Pfeffer abschmecken und unter Umständen mit der restlichen Brühe verdünnen.
- Vor dem Servieren die Paté im Ofen noch einmal kurz erwärmen, in acht Stücken auf die Teller verteilen und die heiße Sauce darübergießen, jeweils ein Stückchen Butter daraufsetzen. Dazu eine Scheibe getoastetes Weißbrot in Form eines Pilzes servieren.

Über die Herkunft dieser Suppe gäbe es einiges zu sagen, denn daß die Bewohner Philadelphias sie sich unter den Nagel gerissen haben, will nichts heißen. Der *Pepper Pot* duftet beinahe wie eine französische Suppe, selbstverständlich etwas angereichert, um den Binnenmarkt zu stärken, also die nationale Einheit der Vereinigten Staaten von Amerika.

Eine Suppe also, die Marx zu denken gegeben hätte, obwohl über seine gastronomischen Vorlieben nichts weiter bekannt ist; sein Bruder Groucho hat noch nicht einmal Gänsesuppe verkraftet.

Der *Pepper Pot* eignet sich wunderbar, um eine amerikanische Stipendiatin zu bewirten, die über die Verwendung der Zigeunersprache in der Prosa von Francisco Umbral forscht und schon eine vier- bis fünftägige Schocktherapie hinter sich hat, bei dem Fraß, der in den rauchigen Madrider Cafeterías auf den Tisch kommt: Kutteln und Schuhsohlenschnitzel mit einer Geschmacksnote von gepfefferter Schlange. Nach vier oder fünf Tagen gastronomischer Folklore wird die junge Dame – vorzugsweise rothaarig und mit pyramidenförmig aufragenden, frechen Brüsten – dankbar sein für alle Bemühungen, die ihr kulinarische Heimatgefühle verschaffen. Vielleicht erzählen Sie ihr auch, Sie hätten das Rezept aus einem unveröffentlichten und bislang verschollen geglaubten Kochbuch von Emily Dickinson, die, wie man an ihren Gedichten sehen kann, von gutem Essen wenig hielt oder an schwerer Sprachschizophrenie litt.

Als Begleitung empfiehlt sich weniger Wein, eher Wodka auf Eis vor und nach der Mahlzeit, und wenn irgend möglich sollten Sie versuchen, kurz vor dem ersten Kuß und mit dem letzten Löffel zwischen den Lippen die Worte zu formen: »Der Geschmack Amerikas«, und zwar genau in dem Augenblick, von dem an Worte nichts mehr bedeuten.

Was auch immer sie besagen.

Philadelphia Pepper Pot

Zutaten für 4 bis 6 Personen:

1 Stangensellerie
4 Stangen Lauch
2 große Zwiebeln
100 g magerer Speck
50 g Butter
2 l Brühe
2–3 kleine, runde Paprikaschoten
1 Tomate
Salz und Pfeffer

Für den Crêpes-Teig:
2 Eier
0,2 l Milch
7 EL Mehl
2 EL Zucker
1 Prise Salz

- Für den Teig die Eier aufschlagen, mit der Milch verrühren und salzen. Mehl und Zucker löffelweise dazugeben, bis eine für Crêpes fast zu dicke Masse entsteht.
- In einem großen Topf die Butter zerlassen. Die Selleriestange, den weißen Teil des Lauchs und die Zwiebeln in feine Streifen schneiden und zusammen mit dem gewürfelten Speck in der Butter andünsten.
- Die Brühe angießen, salzen und pfeffern und eine Stunde lang köcheln lassen.
- Paprikaschoten halbieren, kurz grillen, so daß sich die Haut abziehen läßt, und in Streifen schneiden; Tomaten in Scheiben schneiden.
- Ein paar Minuten vor Beendigung der Kochzeit die Paprikastreifen und Tomatenscheiben zugeben.
- Den zubereiteten Crêpe-Teig durch ein grobes Sieb in die kochende Suppe streichen.
- Kurz aufkochen lassen und servieren.

Kein intelligenter Mensch und kein weises Volk kommt darum herum, *Tomatenbrot* als Ernährungsgrundlage der Menschheit anzuerkennen. Die sündige Speise schlechthin, da sie die Sünde für alle Menschen erschwinglich und erquicklich macht. Sündige Speise auch, weil sie eine Alternative bietet zu allem Transzendenten, allem gefährlich Transzendenten, denn das *Tomatenbrot* verkörpert Gegenkultur.

Nicht Krieg führen, sondern *Tomatenbrot* zubereiten. Nicht rechts wählen, sondern *Tomatenbrot* essen. Nicht der NATO beitreten, sondern sich ein *Tomatenbrot* machen. Überall. Jederzeit.

Brot. Tomaten. Öl. Salz.

Und nach der Liebe Tomatenbrot mit etwas würziger Wurst.

Tomatenbrot

Zutaten für 2 Personen:

8 Scheiben Weißbrot vom Vortag
4 sehr reife Tomaten
4 EL gutes Olivenöl
Salz

- Tomaten halbieren und mit der Schnittfläche jeweils auf einer Scheibe Brot verreiben, so daß Kerne und Fleisch von dem Brot aufgesogen werden und nur die Schale übrigbleibt.
- Die feuchten Brote salzen und mit Olivenöl beträufeln; das Brot am Rand zusammendrücken und wieder loslassen, damit sich das Öl besser verteilt.

So einfach wie das einfachste Elixier der Welt, und trotzdem geschichtsträchtig. Trüffeln sind fester Bestandteil eines jeden Banketts, das die letzten überlebenden Königinnen zur Hochzeit ihrer Söhne und Töchter geben.

Falsche Scham ist daran schuld, daß sich die Trüffeln bis zur völligen Selbstverleugnung verbergen, denn kaum eine Königin war je so mutig, offen dazu zu stehen, daß Trüffelpüree direkt aus Satans Küche zu kommen scheint. Aber wie man hört, sollen verzweifelte Königinnen wie Elisabeth II. von England schon zum Trüffelpüree gegriffen haben, um ihre schwierigen Kandidaten zu verheiraten, so auch beim Prince of Wales und seiner Lady Diana, der eine strikte *Trüffelpüree*-Diät auferlegt worden sein soll, wenn sie der königlichen Tafel beiwohnte.

Die Glücklichen, die sich über das geadelte Dekolleté Lady Dianas beugen durften, versichern, daß aus dessen geheimnisvollen Tiefen ein zarter Trüffeldunst aufstieg.

Trüffelpüree

Zutaten für 1 Person:

5 – 6 Trüffeln
0,1 l Madeirawein
0,1 l dicke Béchamelsauce
Salz, Pfeffer, Muskatnuß

◆ Die rohen Trüffeln unter kaltem Wasser vorsichtig abbürsten; fein schneiden und in einen kleinen Topf geben. Mit dem Madeirawein und der Béchamelsauce verrühren und würzen.

◆ Auf kleiner Flamme erhitzen, aber nicht zum Kochen bringen; heiß servieren.

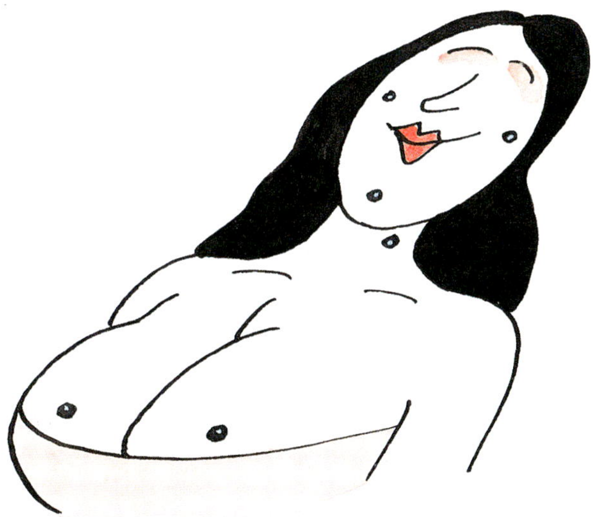

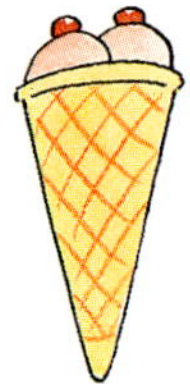

Es gibt zerstreute Liebende,

die permanent nach ihren Hausschuhen, Schlüpfern, Socken suchen und bei jeder Art von Höhepunkt garantiert fragen: Wie spät ist es? Oder auch: Wie fandest du die Rede von Hernández Mancha? Diese Liebenden sind keine vornehmen Begleiter für Theaterbesuche, dafür aber sind sie dankbar für jeden neuen Akt, und in ihrer Erinnerung haben sie immer noch ein Plätzchen für dich.

Kurzum, man muß sie mit unkomplizierten Gerichten ködern und umgekehrt schon dankbar sein, wenn sie einem keine harten Eier vorsetzen, diese weißlichen Hühnertumore, oder nicht nur schnörkellos dazu auffordern, sich doch »irgendwas aus dem Kühlschrank« zu nehmen ...

Sehen Sie, allein schon Hackfleisch zu braten, und dann auch noch mit Ingwer, verlangt Phantasie, vergleichbar mit der ingeniösen Idee des Primaten, der sich zum Pflücken einer Guave zweier Stöcke bediente und damit den ersten Schritt zur Fließbandarbeit und folglich zum heutigen Strukturwandel in ehemaligen Industriegebieten tat. Günstig ist außerdem, daß durch das Würzen der Ochsenschnipsel mit Ingwer, der im März gepflanzt und im Sommer geerntet wird, die Weisheit des Nostradamus zum Tragen kommt, diese Pflanze helfe Frauen, die aufgrund innerer Kälte nicht empfangen können. Der große Prophet so vieler nutzloser Prophezeihungen sagte dem Ingwer sogar nach, er helfe »... bei zu kaltem Magen und besonders Alten, die sich der Natur fremd fühlen. Aber die beste Wirkung zeigt er immer noch bei Männern, die ihrer natürlichen Pflicht nicht nachkommen können.« Männer und Frauen, sie alle sollen ihrer natürlichen Pflicht nachkommen, auch wenn ihnen zerschnipseltes Ochsenfleisch nicht allzu sehr mundet. Sobald es mit Ingwer zubereitet ist, ist Sinnlichkeit im Spiel.

Und sollten Sie es wirklich eilig haben – ob mit dem Ausziehen oder um den Bus noch zu kriegen –, ist Sinn und Verstand im Spiel.

Gehacktes mit Ingwer

Zutaten für 2 Personen:

230 g Hackfleisch vom Ochsen, oder wenig gares Roastbeef
6 Schalotten oder kleine Zwiebeln
1 kleine Knolle Ingwer, fein gehackt
2 EL Tomatensauce
30 g Butter
½ TL geriebene Muskatnuß
Salz und Pfeffer

- Schalotten würfeln, auf kleiner Flamme in einer Pfanne die Butter zerlassen und die Schalotten hineingeben, bevor die Butter ganz geschmolzen ist. Sechs Minuten andünsten.
- Ingwer und Tomatensauce zugeben, nach eigenem oder beider Belieben würzen und sieben Minuten weiterköcheln lassen.
- Das Hackfleisch zugeben und bis zum gewünschten Grad garen.
- Mit Reis und grünem Salat servieren.

Die Kalbshachse ist eine fleischliche Frucht von ungeahntem Schmelz, vor allem, wenn man das Fleisch lange genug kocht, bis es in eine andere Seinsform überzugehen scheint, wofür der Volksmund den schönen Ausdruck »butterzart« gefunden hat. Zwar lebt die *Jamaikanische Suppe* von der Ausgewogenheit zwischen ihren afrikanischen und tropischen Elementen, trotzdem ist das dialektische Zünglein an der Waage das so unschuldig wirkende Gläschen Kokosmilch, dem die Aufgabe zufällt, die Phantasie der Tafelgäste zu beflügeln. Sie ist zugleich Milch und Kokosnuß, und schließlich stammt Milch immer aus wahrlich erotischen und erogenen Körpergegenden, während die Kokosnuß Symbol orgastischen Überbordens ist und unzählige Assoziationen geschenkter Lust weckt. Darum paßt dieses Gericht ausgezeichnet zu gleichgeschlechtlichen Paaren, die häufig der Vereinigung der Extreme frönen, hier abgebildet in der Zusammenkunft von Schweineschwanz und Garnele.

Denken Sie daran, daß sowohl der Schweineschwanz als auch die ausgelösten Garnelen saturnalische Phalli von magerer Konsistenz darstellen, dafür aber gekrümmt vom Hin und Her zwischen dem Begehren und seiner Befriedigung. Sollte das Paar nicht homosexuell sein, sondern dem heterosexuellen Kanon folgen, paßt das Gericht besonders zu den sexuellen Spielarten nordischer Kleinvölker zwischen Dänemark und Bayern, ausgenommen Bayern, aber einschließlich Holland. Fast hätte ich mich zu der Aussage hinreißen lassen, dieses Gericht sei unabdingbares Aphrodisiakum für Holländer, speziell für jene formidablen weiblichen Geschöpfe von dreißig Jahren, mit rosigen Brüsten und Hüften, weit wie der Horizont. Die Holländer begeistern sich für alles Jamaikanische, da sie darin nichts als schwarze, glänzende Körper sehen.

Das Sättigungsgefühl nach einer Suppe verfliegt schnell, und der Appetit nach der sexuellen Verausgabung sollte am besten mit scharfem und kalt serviertem Brathühnchen gestillt werden, am besten gewürzt mit der Kräutermischung, die Marokkaner für ihr Cous-Cous verwenden.

Jamaikanische Suppe

Zutaten für 6 Personen:

400 g Kalbshachse
1 Schweineschwanz
150 g Süßkartoffel
1 kleine Aubergine
½ kg Spinat
½ kg Weißkohl
2 Zwiebeln
150 g ausgelöste Gambas oder Riesengarnelen
0,1 l Kokosmilch
1 grüne Chilischote
1 Knoblauchzehe
Thymian
Salz
2 l Wasser

- Kalbshachse entbeinen und Fleisch würfeln. Zusammen mit dem Knochenstück und dem Schweineschwanz im Wasser aufsetzen, zwei Stunden kochen lassen.
- Inzwischen die Süßkartoffeln würfeln und etwa eine halbe Stunde vor Ende der Kochzeit zu dem Fleisch geben. Aubergine schälen und würfeln, restliches Gemüse fein hacken und zusammen in separatem Topf dämpfen. Zusammen mit Thymian und durchgepreßter Knoblauchzehe zu der Suppe geben.
- Je nach Geschmack mit der grünen Chilischote würzen; sobald die Suppe einzudicken beginnt, Gambas bzw. Garnelen und Kokosmilch zugeben.
- Fünf Minuten köcheln lassen und servieren.

In tiefen schwedischen Nächten essen Schweden gerne *Schwarze Suppe*, und dann ist es zu einer schwarzen Messe nicht mehr weit.

Diese Suppe ist ein Fluidum himmlischer und satanischer Kräfte, denn Gut und Böse spiegeln sich in der geschmacklichen Polarität zwischen Blut und Pflaumen wider.

Ein mittelalterliches Gericht, damals sehr erlesen, da Gewürze aus dem sonnigen Orient begehrt waren, die das finstere Gemüt der Wikinger mit Licht erfüllen sollten.
Schwarze Suppe verlangt als Tischpartnerin unbedingt eine blonde Dame, für den Fall, daß Sie ein männlicher heterosexueller Zweibeiner sind. Sollten Sie eine weibliche heterosexuelle Zweibeinerin sein, ist ebenfalls ein hellhäutiger, blonder Partner zu empfehlen, außerdem möglichst muskulös. Je weißer ein männlicher Partner ist, desto muskulöser sollte er sein, denn ein käsiger und auch noch wabbeliger Körper ist abstoßend, da kann kein Menü mehr etwas retten.

Auch Homosexuelle sollten sich diese Leitlinien unbedingt zu Herzen nehmen.

Schwarze Suppe

Zutaten:

1 Gänseklein
0,2 l Gänseblut
1½ l Kalbsfond
30 g Mehl
200 g Trockenpflaumen
500 g Äpfel
100 g Zucker
1 EL Salz
12 Pfefferkörner
4 ganze Gewürznelken
1 Msp Nelkenpulver
½ TL Ingwerpulver
60 g Butter

- Das Gänseklein putzen, kleinschneiden und in einem Liter kaltem Wasser aufsetzen. Zum Kochen bringen und Schaum abschöpfen.
- Anschließend Salz, Pfefferkörner, ganze Nelken und Nelkenpulver zufügen.
- Mit geschlossenem Deckel 1½ Stunden kochen lassen.
- Währenddessen die Trockenpflaumen mit kaltem Wasser und Zucker aufsetzen und auf schwacher Flamme garen. Aus dem Wasser nehmen, die in Scheiben geschnittenen Äpfel im selben Wasser kochen. Sobald sie gar sind, aus dem Wasser nehmen und den Sud aufheben.
- Kalbsfond aufsetzen. Gänseblut mit dem Mehl aufschlagen. 0,1 l Kalbsbrühe unterrühren. Eine Stunde lang stehen lassen. Dann die restliche Kalbsbrühe zugießen, den Sud vom Gänseklein und der Früchte, und alles zum Kochen bringen.
- Den Topf vom Herd nehmen und die Blut-Mehl-Fond-Mischung einrühren.
- Erneut auf den Herd stellen und zehn Minuten lang unter ständigem Rühren erhitzen.
- Mit Ingwer würzen.
- Gänseklein und Früchte zugeben. Die Butter einrühren.
- Sehr heiß servieren.

Hier habe ich ein wunderbares Sommergericht für Menschen, die auf natürliche Ernährung und nicht zu schwere Küche schwören.

Es ist wie geschaffen für humanistisch gebildete Bodybuilder und reifere männliche Homosexuelle, wobei unmittelbar nach dem Verzehr Vorsicht geboten ist: Das Aufstoßen nach dem Genuß von Ziegenkäse kann jeden Kuß vergällen, so weise der Küssende auch sein mag.

Weibliche Homosexuelle hingegen haben – bis auf einige rühmliche Ausnahmen – meistens Vorbehalte gegen ziegenhaltige Speisen, da sie das Tier wegen seiner machistischen Promiskuität verachten, und wegen der zahlreichen, nur schwer zu widerlegenden Beweise dafür, daß die Ziege sich höchst bereitwillig in den Ziegenbock verliebt und umgekehrt.
In vielen gehobeneren Landgasthöfen ist es inzwischen Mode, in der Sommersaison Salat mit frischem und lauwarmem Ziegenkäse zu servieren. Das ist nicht das gleiche. Das ist zwar ein sehr anpassungsfähiges Gericht, vermutlich aber ohne Zukunft. *Gegrillter Ziegenkäse* hingegen ist eine landestypische Spezialität, dabei eklektizistisch oder synkretistisch genug, um den Ansturm aller uns noch bevorstehenden Postmodernen zu überstehen.

Gegrillter Ziegenkäse

Zutaten für 6 Personen:

6 kleine, trockene Ziegenkäse
1 EL Olivenöl
frisch gemahlener schwarzer Pfeffer
getoastetes Weißbrot

- Die Käse so in der Mitte durchschneiden, daß Sie zwei dünne Scheiben erhalten.
- Mit Öl bestreichen und fünf Minuten lang grillen (entweder über einem heißen Grill oder im Backofen).
- Pfeffern und mit getoastetem Weißbrot servieren.

Dieses Macho-Gericht, das Ugo Tognazzi weltweit bekannt gemacht hat, soll auf einen Homosexuellen zurückgehen, der sich über seinen Freund ärgerte und ihm das Höllenfeuer unbemerkt unter die Spaghetti mischen wollte. Mag sein, daß der Schöpfer bei der Menge der Chilischoten etwas zu weit gegangen ist, doch in der abgemilderten Variante von Tognazzi ist es zu einem Musterbeispiel dafür geworden, daß jedwede Zutat in Kombination mit Pasta wie durch Zauberhand einen wahren Qualitätssprung macht.

Auf jeden Fall ist es ein Essen voller Frische (fast rohe Tomate, Kräuter) und Aggression, man denke an den aufregenden Gaumenkitzel (Chili, Knoblauch).

Ein wunderbares Sommergericht, das sich bestens zu einem Mahl in leichter Bekleidung eignet. Es ist eines der Gerichte, das man im Badeanzug essen kann, sogar ohne leichtes Hemd darüber.

Bis auf wenige Ausnahmen ist Nacktessen einfach ordinär, weshalb solche Primitivlinge es verdient hätten, seziert zu werden, denn nur so würden die geheimen Kanäle bloßgelegt, über die sich die mysteriöse Transformation der Seelennahrung in Körpersubstanz vollzieht.

Spaghetti Tobende Tunte (all'arrabiata)

Zutaten für 5 Personen:

500 g Spaghetti
3 EL Olivenöl
1 Knolle Knoblauch
4–5 getrocknete Chilischoten
1 frische Tomate
Kräuter (z.B. Basilikum, Thymian, vor allem aber Oregano)
Salz und Pfeffer
geriebener Parmesan

- Spaghetti kochen und abseihen. In der Zwischenzeit die Tomate fein würfeln und den Saft abgießen. Öl in einer Pfanne erhitzen, Knoblauch und Chilischoten fein hacken und anbraten, die gewürfelte Tomate ganz kurz darin erhitzen, so daß sie fast roh bleibt, salzen.
- Spaghetti mit Pfeffer und Kräutern würzen.
- Die Sauce heiß aus der Pfanne darübergießen, und alles gut mit geriebenem Parmesan vermengen.

Ein zauberhafter Name für einen so zwitterhaften Stoff (Sauce, Vorspeise, Salat?). Die Griechen sind die Väter, schreckliche Väter, die es fertigbringen, die exquisite Emulsion mit altem Kartoffelbrei zu vermanschen und das dann Taramassalat zu nennen. In jungfräulichem Zustand aber ist *Taramas* eine zartrosa Delikatesse, die wunderbar Platz findet auf knusprigen, kleinen Brotscheiben. Schaumige Kanapees für empfängliche Lippen, Lippen in natürlichem Rot, in entschlossenem Blutrot. Es empfiehlt sich, das *Taramas* zuzubereiten, kurz bevor man zusammen ins Bett geht, aber in Anwesenheit des Partners, denn ein *Taramas* braucht einfach die Inszenierung mit allem Tamtam, wie alles, was im Mörser bereitet wird. Dazu zählen auch Zauberformeln, die nicht zwangsläufig üppig ausfallen müssen: Unter Umständen genügt es, »O Perigal« von Theodorakis und Elitis zu summen, während Ihre Partnerin sich dessen entledigt, was sie über den Strapsen trägt.

Die Pariser Juden verstehen sich auf die Zubereitung eines weißen, sehr feinen Taramas, das gewiß aus dem Rogen durchscheinender Fische gemacht ist.

Taramas

Zutaten für 6 bis 8 Personen:

250 g Poutargue (geräucherter oder in Salz eingelegter Rogen, von Kabeljau oder ähnlichem Fisch)
2 Scheiben Weißbrot
0,1 l Milch
1 Eidotter
2 EL Weinessig
Saft von einer Zitrone
0,2 l Olivenöl
Salz und Pfeffer

◆ Brot zerkrümeln und in der Milch einweichen. Den Fischrogen im Mörser zerdrücken, mit dem eingeweichten Brot, Eidotter, Essig und Zitronensaft zu einer glatten Paste verrühren. Mit Salz und Pfeffer abschmecken.

◆ Unter ständigem Rühren Tropfen für Tropfen das Öl unterrühren, bis die Masse eine mayonnaiseartige Substanz erreicht.

◆ Auf gerösteten Weißbrotscheiben servieren.

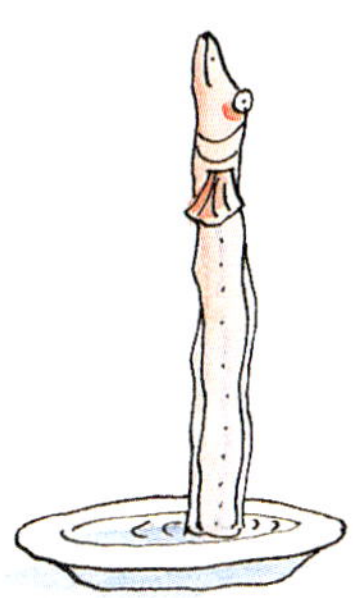

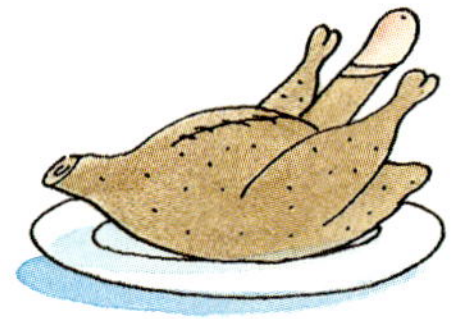

Ein Tiatraounga *annamitische Art* setzt lange Verbundenheit voraus, es sei denn, einer von beiden ist Vietnamese. Das erleichtert es, die Scheu zu verlieren, denn naturgemäß sind mit dieser Küche nur Franzosen und Vietnamesen vertraut. Bevor man ein japanisches Gericht auf den Tisch bringt, sollte man sich im klaren darüber sein, daß mindestens einer von beiden vorhat, ein japanischer Sexathlet zu werden. Von annamitischen Sexathleten hat man allerdings noch nichts gehört, auch wenn die kleinen Südostasiaten von alters her für ihre Reitkunst und für ihre geschmeidigen Gliedmaßen bewundert werden, und das gilt wohlgemerkt für alle Arten von Gliedern. Irgendwann im Verlauf des Essens können Sie einen alten asiatischen Dichter zitieren, der sich über das Gericht verbreitet hat, ein gelehriges Zitat, das kaum jemand wird überprüfen können. Ich meine die schmucken Verse, mit denen Nyang Pot Troueng, ein Dichter des 18. Jahrhundert, das Tiatraounga würdigte: »... im Ei verborgen hält es die Nahrung der Seele und bringt die Wasser des Mekong zum Fließen, wie auch deine langen Haare fließen; das Tiatraounga ist ein Quell lasziver Phantasien, in ihm liegt das Verlangen verborgen, wie hinter geschlossenen Augenlidern die Feuchtigkeit des Geschlechts.«

Manch einer wird sicher sagen, dieses außerordentliche Rezept sei nichts weiter als ein asiatisch aufgemotztes Bauernomelett. Wollen wir hoffen, daß Ihr Begleiter eine solche Bemerkung nicht macht, denn wenn schon gleich zu Beginn eines gemeinsamen Mahls die Poesie der Namen in Frage gestellt wird, kann man die Hoffnung auf weitergehende Genüsse aufgeben. Tiatraounga ist Tiatraounga, und ein Bauernomelett ist ein Bauernomelett. Denn einem Tiatraounga gebührt ein Candlelight Dinner, wohingegen ein Bauernomelett kaum mehr verdient als Neonlicht oder die knallroten und bonbonblauen nackten Birnen eines Vorstadtpuffs.

Tiatraounga annamitische Art

Zutaten für 4 Personen:

500 g Schweinefilet
200 g Champignons
1 Schalotte
2 Chilischoten
3 EL Schweineschmalz oder Keimöl
1 Msp Cayennepfeffer
100 g ausgelöste Garnelen
2 Dutzend gekochte Muscheln
Basilikum, Minze, Salbei (frisch oder getrocknet)
Salz und Pfeffer
6 Eier

- Schweineschmalz oder Öl in einer Pfanne erhitzen, Schweinefilet und Champignons würfeln und zusammen mit der gehackten Schalotte, Chilischoten und Cayennepfeffer andünsten.
- Eine Viertelstunde auf kleiner Flamme garen, anschließend die Garnelen, Muscheln und Kräuter zugeben. Salzen und pfeffern.
- Fünf Minuten lang weiterkochen und vom Herd nehmen.
- Eier aufschlagen, salzen und pfeffern und mit den gegarten Zutaten vermengen. In einer kleinen beschichteten Pfanne mehrere Omeletts backen. Reis dazu servieren, wahlweise eine Mischung mit Wildreis.

Ich weiß nicht, welcher Jansson mit dem Rezept gemeint ist, allem Anschein nach war er jedoch Skandinavier, da das Rezept in »Foods of the World«, ein bei Time Life erschienenes Kochbuch, in dem Kapitel über Skandinavien zu finden ist. Die Portugiesen kennen ein ganz ähnliches Gericht auf der Basis von Stockfisch, und die Sizilianer bereiten etwas in der Art mit Sardinen zu, aber einem Nordlicht steht diese Kreation aus geraspeltem Salzfisch besonders gut zu Gesicht, genauso wie ein über der Brust geknöpfter Kochkittel, was in Ländern, bei denen man einen ungezwungenen Umgang mit Nacktheit vermutet, doppelt aufreizend wirkt. Es gibt kein nackteres Nahrungsmittel als einen Salzhering oder eine in Salz eingelegte Sardelle. Mit ihnen zu kochen verlangt einiges an Fingerspitzengefühl, und währenddessen kann man sich fragen, ob dieses Gericht entstanden ist, um Jansson in Versuchung zu führen, oder damit Jansson andere in Versuchung führt. Ein Wintergericht im Landesinnern, wo man die Vorzüge mumifizierten Fisches kennt, der dank der Kniffe der Küchenalchemie zu neuem Leben erweckt wird, wohl wissend, daß man mit dem Kabeljau viel Großartigeres anstellen könnte, dem König der müden Meere, der energisch wie ein Messias in den Töpfen seine Wiederauferstehung feiert.

Einer der Vorzüge des Gerichts ist sein Name *Janssons Versuchung*, der nach lockender Liebelei schmeckt und Bilder von marmorweißen Körpern heraufbeschwört. Besonders zu empfehlen für hellhäutige, kühle Wesen, da Salzfische die Gabe besitzen, Geschlechter dunkel und salzig zu machen, ein Phänomen, dem zum Glück noch kein Endokrinologe auf den Grund gekommen ist.

Janssons Versuchung

Zutaten für 4 bis 6 Personen:

7 Kartoffeln
2 mittelgroße Zwiebeln
16 Sardellenfilets
75 g Butter
2 EL Olivenöl
weißer Pfeffer
2 EL feine Semmelbrösel
0,1 l Milch
1/4 l süße Sahne

- Kartoffeln in feine Stifte von etwa 5 cm Länge und 1/2 cm Dicke schneiden und in kaltes Wasser legen, damit sie sich nicht verfärben. Öl und 30 g Butter in einer Pfanne leicht erhitzen. Zwiebeln in feine Ringe schneiden und darin 10 Minuten dünsten. Hin und wieder umrühren, da sie nicht braun werden sollen.
- Backofen auf 200 °C vorheizen. Eine feuerfeste Form mit Butter einfetten. Kartoffeln abtropfen lassen und mit einem Tuch abtupfen, Sardellen abspülen. Eine Schicht Kartoffeln in die Form legen, darüber eine Schicht Zwiebeln und Sardellen geben, mit weißem Pfeffer würzen. In dieser Reihenfolge so viele Schichten übereinanderlegen, bis alle Zutaten aufgebraucht sind. Mit einer Schicht Kartoffeln abschließen, Semmelbrösel darüberstreuen und die restliche Butter in Flocken daraufsetzen.
- In einem kleinen Topf Milch und Sahne aufkochen. Über die Seiten in den Auflauf gießen und die Form auf die mittlere Schiene in den Ofen schieben. Etwa 45 Minuten backen, bis die Kartoffeln die Flüssigkeit aufgesogen haben.

Wie alle offensiv kalorienreichen Gerichte, die man in nicht allzu ferner Zukunft bestimmt nur noch in speziellen Freßtempeln für Sünder und Selbstmörder essen können wird, sollten Terrinen, bei denen fette Schweine ihre Schwarten im Spiel haben, vorzugsweise schlanken Paaren vorgesetzt werden, die sich von der herrschenden Fettfeindlichkeit nicht ins Bockshorn jagen lassen.

Dieses Gericht paßt ausgezeichnet zu bodenständigen Menschen, da der Wohlklang des Wortes Terrine weit mehr familiäre Assoziationen weckt als, zum Beispiel, das Wort Nescafé, da mögen die Werbedesigner noch so daran arbeiten, Nescafé zu einem Geschmack der Kindheit zu machen. Wer weiß, was für eine Kindheit die Werbedesigner hatten. Terrinen sind etwas für kompakte Frauen mit einem Hauch Rochas und geraden, aber fleischigen Schultern, denn Frauen mit knöchernen Schultern harmonieren viel besser mit Gulasch oder ähnlichen Eintöpfen, in denen man mit einer Gabel herumpicken kann, ohne dafür ein Messer zu Hilfe nehmen zu müssen. Spitze Schultern sind eine Folge schlaffer Arme, die wiederum offenkundig mit einer labilen Psyche einhergehen. Trotzdem sollte man mit voreiligen Schlußfolgerungen vorsichtig sein, da menschliches Verhalten immer zum Teil Theater ist, vor allem in Zeiten, da das Actors Studio überall seine Spuren hinterlassen hat. Paaren, die sich zu sehr an das Actors Studio halten, ist von der Terrine abzuraten.
Die *Truthahnterrine mit Oliven* paßt zu allen Frauen zwischen María Casares und Delphine Seyrig, wenn sie gerade einmal wieder etwas molliger ist, was selten genug vorkommt.

Truthahnterrine mit Oliven

Zutaten für 1 Kilo:

400 g Truthahnbrust, davon 150 g gehackt, der Rest in feinen Streifen
1 kleine Bratwurst
500 g Speck in Scheiben
1 kleine Zwiebel
1 Knoblauchzehe
2 Eier
2 EL Milch
125 g frischgemahlene Semmelbrösel
2 EL Cognac
Kräuter der Provence
$^1/_2$ Bund Petersilie
Salz und Pfeffer
125 g schwarze Oliven, entkernt und geviertelt
1 Lorbeerblatt
1 EL Thymian

- Zwiebel und Knoblauch fein hacken. Mit einem Schneebesen Eier, Milch, Semmelbrösel, Zwiebel, Knoblauch und Cognac zu einer homogenen Masse schlagen. Mit einer Messerspitze Kräuter der Provence, der gehackten Petersilie, Salz und Pfeffer würzen.
- Diese Mischung in einer Schüssel mit dem gehackten Truthahnfleisch und der Wurstfüllung vermengen.
- Eine feuerfeste Terrine mit den Speckscheiben auskleiden, ein wenig Speck aufheben. Die Hälfte der Farce einfüllen und darauf die in Streifen geschnittene Truthahnbrust und schwarzen Oliven verteilen. Mit dem Rest der Farce bedecken und mit den restlichen Speckstreifen, dem Lorbeerblatt und Thymian.
- Die Terrine schließen und ins Wasserbad stellen. Im vorgeheizten Backofen bei 180 °C etwa eineinhalb Stunden garen.
- Am darauffolgenden Tag servieren.

Von Saubohnen, Rücken und Innereien

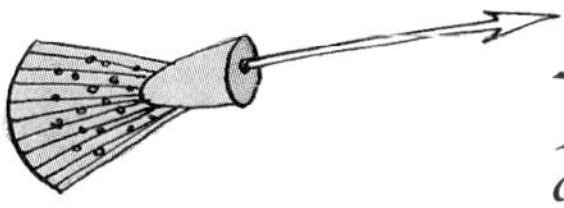

Sie werden sich vielleicht fragen, was die Saubohne oder der Asturische Bohneneintopf in einem Abschnitt über Fleischgerichte zu suchen haben, in dem es vorrangig um Rücken – wenn auch nicht immer um den von Wanda – und andere Körperteile geht. Nun, meiner Ansicht nach ist ja auch der Stockfisch weder Fisch noch Fleisch, sondern eine wundersame Mumie, die durch Küchenalchemie zu neuem Leben erweckt wird. Genauso finde ich, daß die Saubohne ein gastronomisch-sexueller Rohstoff erster Güte ist. Und das nicht wegen ihrer aufreizenden Form, sondern weil sie dunkle Geschmacksnoten befördert, und sei es in einer so einfachen und kalorienbewußten Zubereitung wie Bohnen mit Bohnenkraut. Verglichen mit der Erbse, einem jungen Gemüse, das keine großen Leidenschaften zu entfachen in der Lage ist – und auch keine kleinen –, ist die Saubohne ein obszöner Exzeß, der uns fade und stumpfsinnige Verhaltensnormen über Bord werfen läßt. Damit wäre das Nebeneinander von Saubohne und Wandas Rücken erklärt, bleibt noch der Hinweis, daß Innereien und Kutteln nicht nur in der erotischen Küche sexuell unterentwickelter Länder eine Rolle spielen, jener Regionen, in denen man sich mit einer Schrumpfform des Voyeurismus über Wasser halten muß (Kniekehle, Achselhöhle, Dekolleté, Wade).

Schon in alter Zeit glaubte man, daß sämtliche Innereien des Tiers der Sünde förderlich seien, aufgrund der engen Verbindung, die seit jeher zwischen Dunkelheit und Lust besteht und auf immer und ewig bestehen wird. Und wenn Sie das bezweifeln, versuchen Sie doch einmal, das Florentiner Baiser unter einer OP-Lampe zu zelebrieren, meinetwegen auch das Schweinsfußfrikassee: Vergessen Sie's.

Ein afrikanisches Gericht, genauer gesagt aus Dahomey, dem die Europäer magischen Ursprung zuschreiben. Übrigens besitzt es verblüffende Ähnlichkeit mit einigen Leckereien aus dem Ampurdán, der nordkatalanischen Küstenregion zwischen Meer und Gebirge, die von überall her Anregungen aufnimmt und deshalb an Gruyère erinnert, aber nur erinnert. Das Abendessen schlechthin für eine »amour fou« mit der Ehefrau eines wohlhabenden Freiberuflers, mit der Sorte Frauen, die nach dem Abitur des jüngsten ihrer fünf Kinder irgendein Studium an der Uni anfangen.

Es ist gut möglich, daß die Dame auf einer Fotosafari in Afrika war, womit sie ihre ’69er Ehekrise überwunden hat (ein Boomjahr für Ehekrisen, infolge des Pariser Mai ’68).

Aber *Calalú* kennt sie bestimmt noch nicht, da sie zu den Leuten gehört, für die nur eine Art Schmorfleisch existiert.

Eisgekühlten Champagner dazu servieren, und ein wenig vom goldenen Naß dem Gegenüber auf die Körperpartien gießen, die man kennenzulernen wünscht.

Calalú

Zutaten für 8 Personen:

300 g Rindergulasch
300 g Lammfleisch
300 g Schweinegulasch
1 mittelgroßes Huhn
200 g Garnelen (möglichst geräuchert)
200 g Tomaten
200 g Spinat
1 TL Paprikapulver
0,2 l Palmöl
Salz

- Die unterschiedlichen Fleischsorten und das Huhn in gleichmäßige, nicht zu kleine Würfel bzw. Stücke schneiden und in einen großen Topf geben.
- Garnelen, in Stücke geschnittene Tomaten und Spinat dazugeben.
- Großzügig mit Salz und Paprika würzen, reichlich Palmöl darübergießen und mit Wasser auffüllen, bis das Fleisch gerade bedeckt ist.
- Vier Stunden lang auf kleiner Flamme schmoren, Deckel so weit offen lassen, daß die Flüssigkeit verdampfen kann.
- Wenn sich das Fleisch leicht von den Knochen löst, ist der optimale Garungsgrad erreicht.

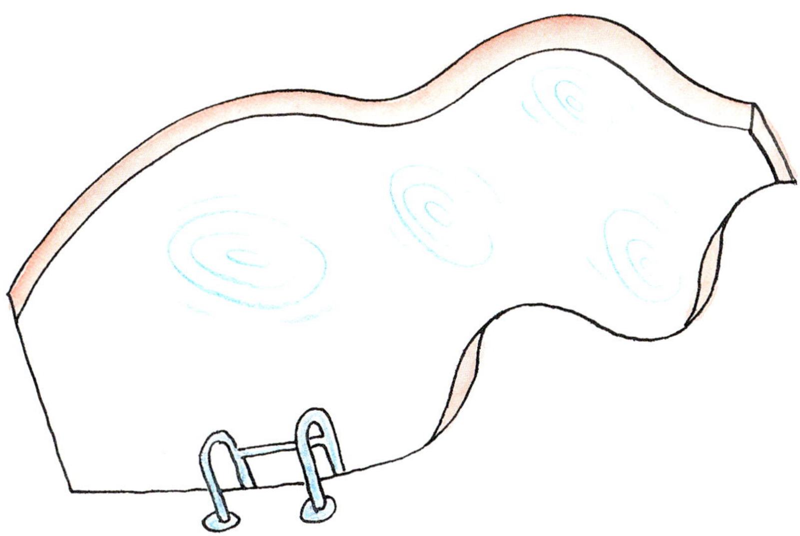

Falls Sie nicht mit dem Mythos großgeworden sind, Champagner und Frauen seien der Gipfel aller Genüsse, werden Sie diesem Gericht nicht viel abgewinnen können, weil es auf den ersten Blick wie ein x-beliebiges Fleischgericht aussieht. Eine Tafelfreude also für Mythomanen, für blonde wie für braune, für dicke wie für dünne, obwohl gemäß dem Gesetz des Kontrasts Sekt oder Champagner besser zu dunklen, erdigen Körpern paßt.

Außerdem sollten sich in Ihrer Person Gourmetkultur mit Heimatliebe verbinden, und auch wenn die nicht Katalonien gilt, muß Ihnen klar sein: Cava ist Cava und kein lang gelagerter Roederer Cristal. *Sektkapaun* müßte auf katalanische Ehepaare, die ihre Silberhochzeit feiern, sehr erotisch wirken. Auch der katalanische Ministerpräsident Jordi Pujol könnte bei einem seiner Auftritte im »Club 21. Jahrhundert« den *Sektkapaun* erwähnen, als Ausweis seiner vaterländischen Gesinnung.

In unseren Zeiten der Kulturen ohne Grenzen dürfen natürlich alle Ethnien Federvieh in Champagner essen, sogar Riojaner, unter der Bedingung, daß sie ihn nicht mit Chorizo-Wurst verhunzen; ihre eigenen, beachtlichen Schaumweine dürfen sie selbstverständlich verwenden. Auf die Riojaner komme ich, weil ihre Küche von der golden perlenden Eleganz des Cava denkbar weit entfernt ist, aber – und damit bin ich schon wieder bei dem Grundsatz der sich anziehenden Gegensätze – wenn zwei gebürtige Riojaner im Rioja in einem Bett liegen und nach Kartoffeln mit Chorizo einen Happen *Sektkapaun* zu sich nehmen, dann ist alles möglich, vor allem Wunderbares. Als ob sie einen Tiger im Tank hätten, obwohl ich noch nie einen Tiger in einem Tank gesehen habe.

Sektkapaun

Zutaten für 4 Personen:

1 Kapaun (1,5 kg)
50 g Bacon oder Schinkenspeck
1 Zwiebel
1 Schalotte
100 g Butter
½ l trockener Sekt, vorzugsweise katalanischer Cava
0,1 l Geflügelfond
0,1 l süße Sahne
Pfeffer und Salz

- Den Bacon fein würfeln. Zwiebel und Schalotte in feine Ringe schneiden.
- Den Kapaun waschen und trockentupfen. Innen und außen gut mit Salz und Pfeffer würzen. In einem Schmortopf die Butter zerlassen, den Kapaun zusammen mit den Baconwürfeln goldbraun anbraten.
- Den Deckel des Topfes schließen, zehn Minuten bei kräftiger Hitze schmoren lassen, anschließend Zwiebel und Schalotte zugeben.
- Mit dem Sekt ablöschen und aufkochen lassen. Den Deckel wieder schließen, und alles auf kleiner Flamme eine Stunde köcheln lassen.
- Den Kapaun aus dem Topf nehmen.
- Geflügelfond in den Topf gießen, aufkochen lassen, damit das Kapaunfett absorbiert wird.
- Vom Herd nehmen und Sahne unterrühren.
- Den Kapaun tranchieren und in einzelnen Teilen in einer Schüssel servieren, getrennt dazu die Sauce reichen.

Daß hier ein Spanferkel im Spiel ist, hat seinen tieferen Sinn, denn nur so läßt sich bei romantischem Kerzenschein verschwörerisch flüstern wie in einem Bolero: »so ein Ferkelchen wie du ... wie du ...«, und feurig nähern sich einander die Lippen, feurig von den Chilischoten, während die Blutorangen bis ins tiefste Innere dringen, von wo sie emporsteigen, um dem letzten Kuß ihr Aroma zu schenken. Alles in allem ein Liebesmahl für pummelige Paare, meinetwegen auch für Schlanke, die nicht des Rassismus verdächtig sind, eine vom Aussterben bedrohte Spezies, seit in der Welt des Prêt-à-porter das Selbstbewußtsein der Schlanken ins Unermeßliche gestiegen ist.
Dieses Gericht ist etwas für rassige Frauen und blonde, vollbärtige Männer, aber man will ja nicht diskriminierend sein, und so sollen auch andere Rassen das Recht auf einen Selbstversuch haben.

Spanferkel Pibil

Zutaten für 8 bis 10 Personen:

1 Spanferkel, etwa 4 kg
8 Blutorangen
12 Knoblauchzehen
25 Pfefferkörner
1 TL Kreuzkümmel
1 TL Oregano
1 TL Annatto-Farbstoff
Salz
2 Blätter von einer Bananenstaude

◆ Das frisch geschlachtete Spanferkel über ein Feuer legen, um die Haare zu entfernen, anschließend in kochendes Wasser tauchen und sorgfältig bürsten, bis es ganz weiß ist; vollständig ausnehmen, rundherum mehrmals einschneiden und mit Orangen und Salz einreiben.

◆ Knoblauchzehen anrösten, in einem Mörser mit Annatto und den anderen Gewürzen zerreiben; Orangensaft einrühren, und mit dieser Paste das Ferkel innen und außen einreiben, vierundzwanzig Stunden an einem kühlen Ort ruhen lassen. Danach einen großen Topf mit einem Bananenblatt auskleiden, das Ferkel mit der gesamten Marinade hineinlegen und mit weiteren Bananenblättern bedecken. Jetzt den Topf in den »pibe« stellen – so nennt man auf der mexikanischen Halbinsel Yucatán einen speziellen Erdofen, der wie folgt funktioniert: Ein Loch von einem Meter zwanzig in die Erde graben, glühende Kohlen, große Steine und Feuerholz hineinlegen, bis das Loch gefüllt ist. Sobald das Holz soweit heruntergebrannt ist, daß nur noch Glut vorhanden ist und kein Rauch mehr aufsteigt, den Topf in das Loch stellen, eine Agavenpflanze als Deckel daraufsetzen und den Ofen mit der Erde bedecken, die man zuvor aus dem Loch geschaufelt hat. Nach drei Stunden kann man den Topf herausholen.

◆ Sollten Sie keinen Ofen dieser Art zur Verfügung haben, schieben Sie den Topf in einen herkömmlichen Backofen.

Dieses Gericht ist heimatlos. Zwar schreibt es das Ehepaar Buxò Montesinos und Vivian Fages den Russen beziehungsweise den Sowjets zu, aber bei einem Gericht, das Petit Suisse enthält, scheint mir diese Zuordnung äußerst fragwürdig. Eher denkbar ist, daß es in fürstlichen, vorrevolutionären Küchenlaboratorien kreiert worden ist, oder in den Pariser Restaurants der emigrierten Weißrussen. Auf jeden Fall wäre es schade, wenn ein Gericht mit dem Namen *Kalbsrücken Wanda* der Vergessenheit anheimfiele, zumal in dem Namen schon fünfzig Prozent seiner Anbändelungskraft liegt. Sie beginnt in dem Augenblick zu wirken, in dem die Geladene ihre von dem Nährwert des Gerichts erwärmte Hand auf die des Gastgebers legt und fragt: »Wer ist Wanda?« Der Rücken auf dem gedeckten Tisch und Wanda im Dunkeln. Ein Konversationsthema, das, üppig ausstaffiert, nach mildem Weihrauch duftende Schlafgemächer umkreist. Das Kalb ist das wenigste.

Kalbsrücken Wanda

Zutaten für 6 Personen:

1,5 kg Kalbsrücken
125 g Champignons
200 g gekochter Schinken
50 g Frischkäse (Petit Suisse, ersatzweise Crème fraîche)
2 Eier
1 kleine Büchse Gänseleberpastete
1 Schalotte
1 Bund Petersilie
2 cl Wodka
¼ l Brühe
0,1 l süße Sahne
50 g Butter
3 EL Öl
Salz, Pfeffer und geriebene Muskatnuß zum Abschmecken

- Champignons putzen und kleinschneiden, ein Stückchen Butter in einer Pfanne zerlassen und Champignons darin andünsten. Den gekochten Schinken in feine Streifen schneiden. Zusammen mit den Champignons in eine Schüssel geben, mit Frischkäse, Eiern, Gänseleberpastete, der feingewürfelten Schalotte und der gehackten Petersilie vermengen. Mit Salz, Pfeffer und Muskatnuß kräftig würzen. Ein paar Tropfen Wodka dazugeben und nochmals vermengen. Den Kalbsrücken vollständig entbeinen und flachklopfen, anschließend die vorbereitete Füllung in die Mitte häufen, das Fleisch einrollen und fest zusammenbinden.
- Restliche Butter und Öl in einem Bratentopf erhitzen und das Fleisch darin etwa fünfzig Minuten bei geschlossenem Deckel schmoren, hin und wieder mit Brühe übergießen. Am Ende das Fleisch in eine Servierschüssel legen, den überschüssigen Bratensaft mit dem restlichen Wodka und der Sahne verrühren und separat als Sauce servieren.

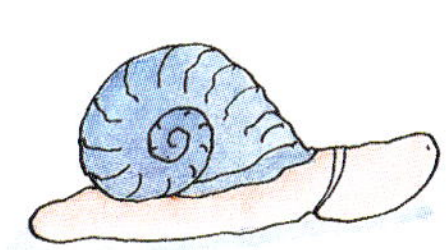

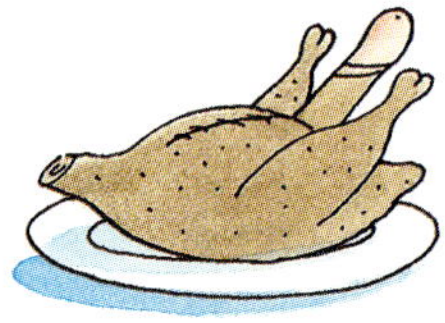

Ein Gericht, wie geschaffen für kalte Herbst- oder Wintertage, für Paare, die unbeeindruckt sind vom jüdisch-christlichen Schuldkomplex und seiner traditionellen Lustfeindlichkeit, und vor allem von dem in den letzten zehn Jahren unerbittlich geführten Kreuzzug gegen Kalorienbomben. Kaum tut sich irgendwo ein Vergnügen auf, sofort ist die jüdisch-christliche Moral zur Stelle, um den Ausverkauf der Sinne anzuprangern oder gar vor ewiger Cholesterinverdammnis zu warnen. *Schweinefußfrikassee* kommt in der Regel gut an bei rundlichen, warmherzigen Frauen und bei gestandenen Mannsbildern. Solche herzhaften Dickmacher schmeicheln innen wie außen, und darum fließt die Liebe so leicht zwischen solchermaßen gut gesalbten Körpern, und nichts regt den Tastsinn mehr an als Schweins- und Lammfüße. Nichts, das wie sie den Gaumen vorbereitet auf die Suche nach gelatinösen Substanzen, das wie sie Liebeslaune macht auf schlaftrunkene Frivolitäten, abgerundet mit einem körperreichen, fruchtigen Wein, dem unverzichtbaren Abschluß eines Essens, bei dem Füße, Ohren, Mäuler und alle Körperteile hoch und runter mitgewirkt haben. Sollten Sie das Frikassee zudem mit der unvergleichlichen Marokkanischen Kräutermischung zubereitet haben, werden am Ende nicht nur gewisse Organe balsamiert, sondern sämtliche Ecken und Winkel der hingestrecken Körper parfümiert sein.

Nach so viel Essen, Trinken und Liebesertüchtigung stellt sich unweigerlich wohliger und tiefer Schlaf ein, mit Träumen von idyllischen Schäferspielen: Nackte Schäferinnen mit rosigen Brüsten und ausdauernde Schäfer, deren Schalmeien einlullende Weisen verströmen. Und wenn man aus diesem glückseligen Traum erwacht, strotzt man nur so vor Lust und Kraft, die einem die Speise verliehen hat und die dank der Konsistenz des Frikassees bis ins letzte Glied gedrungen ist, so daß man womöglich noch zwei oder drei Liebesakte anschließt. Es wird sogar von einem andorranischen Adeligen erzählt, der es an einem Abend zwölfmal geschafft haben soll; einverstanden, wenn man dem Rezept schwarze Rüben aus dem Cerdanya-Tal zufügt. Aber das grenzt dann schon an Hexerei.

Schweinefußfrikassee

Zutaten für 4 Personen:

4 Schweinsfüße
125 g frischer Pansen
2 Zwiebeln
30 g Butter
0,2 l Brühe bzw. Kochwasser von den Schweinsfüßen
4 TL Senf
Saft von 1 Zitrone
1 EL Essig
Gemischte Kräuter (vorzugsweise Marokkanische Mischung)
Salz und Pfeffer

◆ Schweinsfüße kochen, entbeinen und das kleingeschnittene Fleisch mit Salz, Pfeffer und der Kräutermischung würzen. Butter in einer tiefen Pfanne zerlassen und den kleingeschnittenen Pansen darin goldbraun braten. Anschließend das Fleisch und die sehr fein gewürfelten Zwiebeln hinzufügen. Mit so viel Brühe angießen, daß das Fleisch gerade nicht bedeckt ist; aufkochen lassen. Inzwischen den Senf mit Zitronensaft und Essig verrühren. Die Pfanne vom Herd nehmen und den in Essig aufgelösten Senf einrühren. Heiß servieren.

Für den Fall, daß Sie den Bohneneintopf als Entree für einen gloriosen Abend vorsehen, wie im Himmel so im Bett, muß Ihnen unbedingt bewußt sein, daß der *Asturische Bohneneintopf* kein Entree für ein kurzes Rein-Raus-Spielchen ist, sondern eines für lange und ausgiebige Stunden zu zweit, mit allen Aufs und Abs, vom spitzen Schrei der Höhepunkte bis zum tiefen Tal der Ermattung. Die aphrodisierende Kraft des Bohneneintopfs beruht meiner Meinung nach auf denselben Mechanismen wie bei den *Bohnen katalanische Art*. Es handelt sich um ein kalorienreiches Gericht, von aufreizender Konsistenz und Geschmacksvielfalt, angefangen bei der weichen Milde des Specks, über die scharfe Würze der Würste bis hin zur Festigkeit des durchgekochten Schinkens.

Jedes Gericht hat seine unverwechselbaren Eigenheiten, und im Fall des *Asturischen Bohneneintopfs* ist es vor allem die verwendete Blutwurstsorte, die diese Speise von jedem anderen Bohnengericht unterscheidet. Die Morcilla asturiana, die typische asturische Blutwurst, verleiht diesem Eintopf von kruder Schönheit seinen Geschmack nach Leistengegend, wohingegen zum Beispiel die Butifarra negra catalana, eine typisch katalanische Blutwurst, das stürmische Wesen eines Bohnengerichts in einen zivilisierten Rhythmus zwingt, ebenso die darauffolgenden Wogen der Lust.

Als Begleitung zu diesem Gericht empfehle ich, ohne dogmatisch sein zu wollen, eine blonde Dame nordischen Typs, schlank, aber mit stattlichem Po. Als Leserin steht es Ihnen natürlich frei, dieses Modell beliebig zu übertragen, jedoch sollten Sie auf den vier Merkmalen bestehen. Andererseits, vielleicht können Sie doch vom letzten Punkt absehen, denn Männer mit ausladendem Hinterteil wirken meist wie Betriebsunfälle der Schöpfung.

Asturischer Bohneneintopf

Zutaten für 6 Personen:

500 g große weiße Bohnenkerne
je 100 g
- **Chorizo (spanische Paprikawurst)**
- **würziger geräucherter Schinken**
- **Lacón (gepökelte, luftgetrocknete Schweinshachse), ersatzweise Kassler**
- **magerer Speck**
- **Morcilla asturiana (geräucherte und getrocknete Blutwurst), ersatzweise würzige Blutwurst**

1 Schweineschwanz
einige Fäden Safran

◆ Bohnenkerne über Nacht einweichen, in einem anderen Gefäß den geräucherten Schinken und den Speck ebenfalls in kaltes Wasser legen, damit sich das Salz ein wenig löst.

◆ Am nächsten Tag die Bohnen zusammen mit den in grobe Stücke geschnittenen Fleisch- und Wurstwaren in einen Topf geben, mit kaltem Wasser knapp bedecken, langsam zum Kochen bringen und auf kleiner Flamme köcheln lassen. Wenn die Bohnen allmählich weich werden, die zerstoßenen Safranfäden hinzugeben und bei halb geschlossenem Topf weiterköcheln lassen, bis die Bohnen gar und saftig sind (die gesamte Kochzeit kann zweieinhalb bis drei Stunden betragen). Am besten rührt man nicht mit einem Kochlöffel um, sondern schüttelt den Topf etwas.

◆ Erst ganz am Schluß salzen, wenn überhaupt, denn meistens reicht die Würze der Zutaten aus.

Ein kaum gebräuchliches Küchenkraut ersetzt in diesem Rezept die Minze, die, zumindest in der Küche der besonders mediterranen Länder, von der Bohne nicht wegzudenken ist. Das Bohnenkraut stammt wie der Estragon aus Osteuropa und ist ein anerkanntes Magentherapeutikum, schlicht gesagt, es hilft bei der Verdauung, obwohl es einen aufwühlenden, mysteriösen Geschmack hat, der bei einfacheren Gaumen eher auf Ablehnung stößt. Dieses Gericht für alle Fälle trägt gleich zweimal den Frühling in sich, in Gestalt der Bohnen und des Bohnenkrauts, und bringt somit das Blut doppelt in Wallung, bis ins letzte Glied. Manche Bohnengerichte (nehmen Sie zum Beispiel gedünstete Bohnen) sind unverhohlene Liebesgerichte, anderen wiederum merkt man es erst bei näherem Hinsehen an, ganz wie Frauenkörper, deren Rundungen unter Hängekleidern kaschiert sind. Die sexuelle Assoziation der Bohne rührt von dem Spalt ihrer aufplatzenden Hülle her, und von der schweinischen Phantasie unserer Vorfahren, die ihre sexuellen Botschaften vorzugsweise mit Formen aus der Natur ausdrückten. Damals glaubte man, Gott habe überall in der Natur kryptophallische Botschaften hinterlassen; eine davon war die Bohne. Für *Bohnen mit Bohnenkraut* benötigen Sie junge Bohnen, andernfalls ist zu befürchten, daß sie am Ende vor einem Viehfutterhaufen stehen.

Junge Bohnen besitzen einen eigenen Nachgeschmack, gewissermaßen einen doppelten Geschmack, beziehungsweise einen Geschmack und seinen Schatten. Sie weiten den Geist und regen zum Initialstreicheln an. Ein Beispiel: Wer einen Teller *Bohnen mit Bohnenkraut* gegessen hat, wird das dringende Bedürfnis verspüren, daß sich das attraktivste Geschöpf unter den übrigen Tafelgästen auf seinen Schoß setzt.

Bohnen mit Bohnenkraut

Zutaten für 4 bis 6 Personen:

2 kg junge Bohnen
2 Bunde wildes Bohnenkraut
60 g Butter
Salz

- Die Bohnen putzen und zusammen mit einem Bund Bohnenkraut in Salzwasser kochen. Abgießen und Bohnenkraut entfernen.
- In einer heißen Pfanne ohne Fett schwenken, damit die Feuchtigkeit ganz verdunstet. Vom Feuer nehmen und mit der in Stückchen geschnittenen Butter vermengen, dabei aufpassen, daß die Bohnen nicht brechen.
- Den zweiten Bund Bohnenkraut fein hacken und über die Bohnen streuen. In einer vorgewärmten Schüssel servieren.

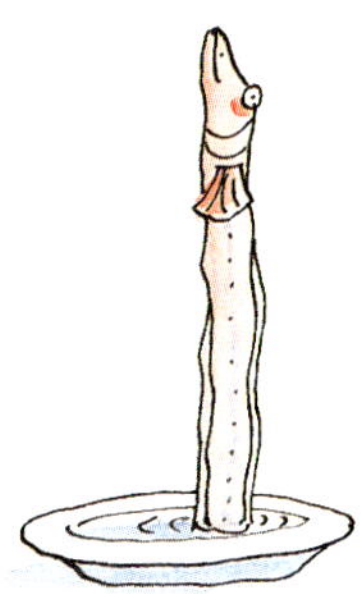

Man nennt sie auch »fabes ofegades«, ersoffene Bohnen, weil die Bohnen in ihrem eigenen Saft schmoren, plus dem Saft der Tomaten und dem schlecht eingeschenkten Gläschen Wein. Ich kann nicht oft genug unterstreichen, daß *Bohnen katalanische Art* ein Aphrodisiakum sind, das Hahnhoden in nichts nachsteht, die wiederum bei Brantôme als stärkstes natürliches Aphrodisiakum verzeichnet sind. Die erotische Kraft der *Bohnen katalanische Art* erklärt sich aus Konsistenz, Geschmack und Biochemie der Inhaltsstoffe im Zusammenwirken mit den Kräutern (Majoran und Minze), aber genauso aus der saturnalischen Schwärze des Bluts der Butifarra negra. Und als sozio-erotische Stimulanz muß man die schwere Verdaulichkeit anerkennen, das bleierne Völligkeitsgefühl, das jede Sünde möglich macht. Im Idealfall befinden Sie sich in Gesellschaft einer dicken Frau mit trägem Stoffwechsel, denn ein hyperaktiver Stoffwechsel ist am Ende in der Lage, das Mahl rascher als gewünscht zu verdauen, so daß Ihre Stimmungen in eine Phasenverschiebung geraten, mit möglicherweise schlimmen Folgen. Zu *Bohnen katalanische Art* passen vorzüglich Frauen mit grünen Augen, aber da die ja so rar sind, sollten Sie auch Grau- oder Blauäugige nicht verschmähen. Was dunkle Augen angeht, kann ich bei diesem Gericht auf keine persönlichen Erfahrungen zurückgreifen, aber mir schwant, ihre Tränen würden einem die Lust versalzen.

Bohnen katalanische Art

Zutaten für viele Leute:

1–2 kg grüne Bohnen
1 Stück katalanische Blutwurst butifarra, ersatzweise luftgetrocknete Blutwurst
1 Scheibe magerer Speck
1 EL Schweineschmalz
1 Zwiebel
4 Knoblauchzehen
2–3 Tomaten
0,1 l kräftiger Wein (z. B. Marsala)
Brühe
1 Bund getrocknete Kräuterzweige (z. B. Thymian, Majoran, Lorbeer, Rosmarin und Minze)
1 TL Anissamen
1 kleine Stange Zimt
½ TL Zucker
Petersilie
Pfeffer und Salz

◆ Bohnen putzen und entkernen. Schweineschmalz in einem Topf erhitzen, das Stück Speck darin von allen Seiten anbraten; wenn es rundum knusprig ist, aus dem Topf nehmen und dafür die gehackte Zwiebel, Knoblauchzehen und die zusammengebundenen Kräuter hineingeben. Sobald die Zwiebel zu bräunen beginnt, die geviertelten Tomaten zugeben, kurz andünsten, dann die geputzten Bohnen hinzufügen. Den Topf mit einem Deckel schließen und alles fünf Minuten köcheln lassen; anschließend Wein, Anis, Zimt, das Stück Speck und Blutwurst dazugeben samt einer Prise Zucker und mit Pfeffer und Salz abschmecken. Mit Brühe auffüllen, bis die Bohnen bedeckt sind. Deckel auf den Topf setzen, mit einem Geschirrtuch oder Backpapier dazwischen, und bei schwacher Hitze eine Viertelstunde köcheln lassen. Die Blutwurst herausnehmen, damit sie nicht zerfällt; Bohnen weiterkochen, bis sie weich sind. Vor dem Servieren den Kräuterbund herausnehmen. Bohnen in einer tiefen Schüssel servieren und die in Scheiben geschnittene Wurst darauf anrichten, abwechselnd mit Stücken des gebratenen Specks. Nach Belieben mit gehackter Petersilie bestreuen. Heiß servieren.

Recept.

Kalbsbries Trianon

Ein Gericht aus aristokratischen Küchenkreisen, das fester Bestandteil der Bankette im Elysée-Palast war, solange Giscard I. von Frankreich (und ein bißchen auch von Spanien) noch nicht mit Pauken und Trompeten zu Paul Bocuses Nouvelle cuisine übergelaufen war. Französische Politgrößen haben dieses Gericht immer dann aufgefahren, wenn sie die Kalorienversorgung der Gattinnen ihrer ehrgeizigen Generaldirektoren sicherstellen wollten und die von nimmersatten Botschaftern, die nach einer höheren Gehaltsgruppe gieren. Irgend jemand aus der Extremadura hat in *Kalbsbries Trianon* das Gericht wiedererkannt, das Doña Paca Poblador in Plasencia kochte, bevor die napoleonischen Truppen die Rezeptsammlungen aus Alcántara raubten. Auf jeden Fall steht fest, daß der vornehme Beiname Trianon nicht davon ablenken kann, daß es sich hier um ein schlichtes Rezept handelt, das dem Kalbsbries eine leicht aphrodisierende Note verleiht, sei es durch die Trüffel, sei es durch die Milch oder durch das Kalbsbries selbst, diese unbedarft geheimnisvolle Wölbung, die die Phantasie bis in die verbotensten Winkel des menschlichen Körpers trägt.

Zutaten für 6 Personen:

3 Paar weiße Kalbsbriese mittlerer Größe
3 g Trüffel
20 g magerer gekochter Schinken
70 g Mehl
1 EL Öl
1 Ei
125 g frische Semmelbrösel
150 g Butter
0,2 l Milch
300 g Champignons
1 Schalotte
1 EL Crème fraîche
Salz, Pfeffer

- Die Kalbsbriese in einen tiefen Topf legen und eine halbe Stunde lang unter fließendes Wasser stellen.
- Den Topf zu drei Vierteln mit Wasser gefüllt auf den Herd setzen. Auf kräftiger Flamme eine Minute kochen lassen; die Briese nun erneut unter fließendes Wasser stellen, damit sie auskühlen. Abtropfen lassen.
- Auf ein weißes Geschirrtuch die flachgedrückten Briese legen, das Tuch darüber zusammenschlagen und eine schwere Platte darauf legen, um die Briese noch flacher zu pressen.
- Mit einem bleistiftdicken Holzstäbchen Löcher in die Briese stechen, die Löcher mit Trüffeln und Schinken füllen, mit Salz und frisch gemahlenem Pfeffer würzen.
- In drei flache Teller Mehl, das mit Öl verrührte Ei und die Semmelbrösel geben. Die Briese in dieser Reihenfolge darin panieren.
- 100 g Butter in einer Pfanne erhitzen; sobald sie schaumig zu werden beginnt, die Briese hineinlegen. Zehn Minuten braten, bis sie goldbraun werden, dann wenden und die andere Seite bei schwächerer Hitze so lange braten, bis die Briese durchgegart sind.
- Für die Béchamelsauce in einem kleinen Topf 20 g Butter zerlassen. 20 g Mehl einrühren und ein paar Minuten schwitzen lassen. Unter ständigem Rühren die leicht gesalzene Milch einrühren und die Sauce zum Kochen bringen.
- Die Champignons putzen und abspülen; sehr fein hacken. Schalotte fein hacken und die übrige Butter in einem weiteren Topf zerlassen. Die gehackte Schalotte darin andünsten, bis sie leicht zu bräunen beginnt, Champignons zufügen und die Flamme hochdrehen, damit die Flüssigkeit verdampft. Die Béchamelsauce zugießen, Crème fraîche einrühren und noch einmal aufkochen. Die Pilzsauce in eine große Schüssel gießen und die Kalbsbriese darauf anrichten.
- Heiß servieren.

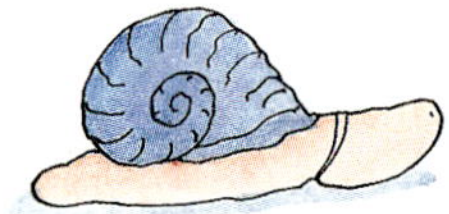

Manche Paare sind mit gewissen Lebensmitteln so leicht zu beeindrucken, daß man ihnen besser nicht gleich sagen sollte, was sie auf ihren Tellern haben. Denn zum einen ist da der lustvolle Wohlklang des Wortes Zunge, zum anderen das völlig zu Unrecht verpönte Schwein, denn schließlich ist das Hausschwein ein rundum anhänglicher und zahmer Gefährte, und Schuld an seiner schlechten Presse hat allein der Wankelmut der menschlichen Zuneigung. Hier hingegen stelle ich Ihnen ein Gericht vor, das sich vorzüglich für ungestüme Paare eignet, die noch vor dem ersten Bissen eine Hitzewallung erleben werden, erregt durch die vom Granatapfel unvermeidlich geweckten Assoziationen, eine die erotische Phantasie anregende Frucht, allein schon wegen der umständlichen Prozedur, sie zu entkernen: ein stückweises Eindringen auf der Suche nach dem Ursprung so viel Gerölls. Irgendwer hat den Granatapfel sogar als Obstklunker bezeichnet, wahrscheinlich angeregt durch das Perlen der fruchtigen Rubine. Brustwarze oder Klitoris, der Himbeere ähnlich, aber kristallisiert: die Kerne des Granatapfels schenken diesem Gericht Schmuckwerk in Saucenform, ein Liebespfand für die Auserwählte. Man reiche einen leichten, frischen Rotwein dazu, der süffig genug ist, um viel davon trinken zu können, denn die *Schweinezungen in Granatapfelsauce* selbst weisen lediglich zwei entscheidende Vorzüge auf: die von den Zungen geweckte Neugierde und die aufwühlenden Träume, vor allem dann, wenn, wie in diesem Fall, kurze, besonders agile und empfindsame Zungen im Spiel sind, darin geschult, Eicheln aufzunehmen – obwohl auch mit Saubohnen gemästete Schweinezungen nicht zu verachten sind.

Früher mag in der Frage, wie man den wohlschmeckendsten Schinken züchte, ein lebhafter Kampf zwischen Eichel und Saubohne geführt worden sein, heutzutage jedoch füttert man sie damit nur noch im letzten Monat, ein unwürdiges Ende für Schweine, die mit Hamburgern und Ketchup gemästet werden, mit Schweinefraß (wenn das keine Beleidigung wäre).
Ein sehr schönes Gericht für große, maßvoll schlanke und dunkle Frauen, die eher nervös sind als ausgeglichen und eine freche Art haben, die früher Temperament geheißen hätte. Und obwohl bislang keine wissenschaftliche Erklärung dafür erbracht werden konnte, sorgen *Schweinezungen in Granatapfelsauce* für wortreiche Geschlechtsakte, ohne daß Plauderlaune aufkommt. Denn es gibt nichts Schlimmeres als einen Geschlechtsakt, der in einer angeregten Unterhaltung über Tiefdruckgebiete und Sturmstärken endet, kurz: über das Wetter.

Schweinezungen in Granatapfelsauce

Zutaten für 4 Personen:

4 Schweinezungen
2 Zwiebeln
2 Granatäpfel
1 kg Kartoffeln
0,1 l kräftiger Wein (z. B. Marsala)
0,3 l Brühe
300 g Schweineschmalz
Salz

- Die Zungen brühen, enthäuten und putzen.
- Schweineschmalz erhitzen und die Zungen darin anbraten. Salzen.
- Zwiebeln fein hacken und dazugeben; sobald sie zu bräunen beginnen, die ausgelösten Kerne der Granatäpfel dazugeben.
- Alles zusammen etwa zehn Minuten kochen, anschließend Wein und Brühe zugießen und so lange kochen, bis die Zungen gar sind.
- Kartoffeln in feine Stifte schneiden und in wenig Fett braten. Zwischendurch salzen.
- Die Zungen in Scheiben aufschneiden, in einer flachen Schüssel anrichten, den beim Kochen entstandenen Saft darübergießen und die Kartoffeln darumlegen.

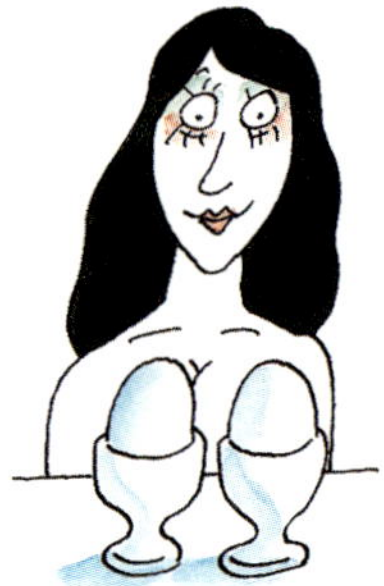

Von den ältesten Aufzeichnungen über Gebräue und Elixiere bis zu Chester Himes' Berichten aus der Subkultur von Harlem gehört Gänseklein zu dem eßbaren Teufelswerk, das den Menschen jederzeit auflauern und verführen kann. Eingeweide spenden Leben, und um ehrlich zu sein, die Muskeln, das ganze Fleisch, sind doch der dümmste Teil eines Mannes und auch mancher Frauen. Darum sahen die Alten die Eingeweide als Ort sowohl der Verdorbenheit der Macht als auch der Weisheit, aufgrund ihrer Nähe zum Blut und ihrer direkten Verbindung zum Blutfluß durch den Körper, von der Penisspitze bis zu den haarfeinen Kapillaren im Gehirn. Mit geheimen Bräuchen verwandelten die Chinesen diese Liebesfilter namens Eingeweide in ein äußerst betörendes und proteinreiches Hauptgericht, das lediglich an Harnvergiftung leidende Leute meiden sollten.

Selbstredend eignet sich dieses Gericht vorzüglich, um die Pforten der Liebe zu öffnen, es sei denn, Ihr Gegenüber ist chinesischer Herkunft. Den Chinesen steht *Gänseklein süß-sauer* bis oben hin.

Gänseklein süß-sauer

Zutaten für 4 Personen:

$^1/_2$ kg Gänseklein (Leber, Bries, Herz)
1 TL Sojasauce
1 TL trockener Sherry
1 grüne Paprika
3 Stangen Staudensellerie
1 mittelgroße Zwiebel
3 chinesische Zwiebeln, ersatzweise Frühlingszwiebeln
3 mittelgroße, vollreife Tomaten
1 grüne Chilischote
3 EL Öl
3 EL Essig
5 EL Zucker
1 EL Maizena
1 Msp Glutamat
1 kleines Stück Ingwer (nach Belieben)
Salz und Pfeffer

- Das Gänseklein waschen und in Schnitze oder Scheiben schneiden, mit trockenem Sherry, Sojasauce und Pfeffer marinieren.
- In einer Pfanne Öl erhitzen und das Gänseklein anbraten.
- Ingwer, Paprikaschote, Zwiebel und Sellerie in feine Stücke schneiden und dazu in die Pfanne geben. Etwa fünf Minuten anbraten.
- Tomaten in grobe Stücke, Frühlingszwiebeln in Stücke von etwa 3,5 cm schneiden und zu den anderen Zutaten in die Pfanne geben.
- Weitere fünf Minuten braten. Essig, Zucker, die feingehackte Chilischote, Salz und Glutamat zu einer Sauce verrühren und dazugießen. Maizena mit etwas Wasser in einer Tasse anrühren und mit der Sauce vermengen, anschließend in die Pfanne gießen. Gut umrühren, und sobald die Sauce andickt, vom Herd nehmen.

Dieses Rezept, von dem ich annehme, daß es rein imaginativer und imaginärer Natur ist, geht auf Alexandre Dumas zurück, den Autor der »Drei Musketiere«, einem exzellenten Gourmet und hundsmiserablen Vater.

Natürlich verlangt dieses Gericht als Tafelgast eine Kaiserin. Zur Not mag noch eine Königin oder Fürstin angehen, jedoch sollten Sie keinesfalls die Geschmacklosigkeit begehen, es mit irgendeiner Frau zu teilen, so schön sie auch sein mag und welche Titel und Weihen sie auch vorzuweisen hat. Es ist unbedingt zu beachten, daß die Eroberung der verschiedenen Territorien der Liebe parallel zur Eroberung der Olive voranschreitet, die Ziel und Keim der aufregenden Kreation ist, als handelte es sich um einen gigantischen Striptease mit zum Verzehr geeignetem Fleisch. Nachdem ich noch einmal kurz den »Gotha« studiert habe, fühle ich mich in meiner alten Idee bestärkt, dieses Gericht eines Tages mit Paola von Belgien teilen zu wollen, noch bevor das Alter unsere Schläfen versilbert, denn das Mädchen besitzt noch immer jene Ausstrahlung einer Prinzessin, die fünf Tage die Woche Schule schwänzt, um sich plebejischen Pranken hinzugeben, von denen intensiver Grillgeruch aufsteigt.

Rôti à L'Impératrice

Zutaten:

1 Lerche
1 Wachtel
1 Rebhuhn
1 Fasan
1 Truthahn
1 mittelgroßes Spanferkel
100 g Schweineschmalz
1 Dose mit Anchovis gefüllte Oliven

◆ Eine Olive in die ausgenommene Lerche stecken; die Lerche in die Wachtel stecken, die Wachtel in das Rebhuhn, und das wiederum in den Fasan.

◆ Den aristokratischen Fasan mit seiner saftigen Füllung behutsam in den Truthahn stecken, und schließlich den Truthahn in die Bauchhöhle des nicht zu großen Spanferkels legen, den Bauch sorgfältig zunähen.

◆ Dieses pralle Packet in einen Bratentopf legen, der gut mit Schweineschmalz eingefettet worden ist. Auf kleiner Flamme schmoren und immer wieder nach allen Regeln der Kunst mit dem austretenden Saft begießen.

◆ Sobald der Braten gar zu sein scheint, die gesamte Prozedur umgekehrt vollführen, will heißen, den Truthahn aus dem Spanferkel nehmen, den Fasan aus dem Truthahn, und so weiter. Bis Sie zum Herz der Delikatesse vordringen, und zwar der Olive, die in ihrem Innern die himmlisch köstliche Anchovis trägt.

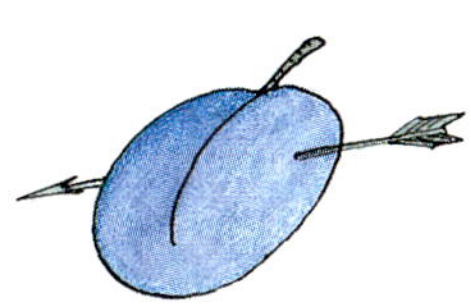

Seite 104

Dieses Gericht könnte Ihnen gute Dienste erweisen, wenn Sie sich mit einem Restaurantlöwen, einem lästigen Schnösel, herumschlagen müssen. Womit aber nicht gesagt sein soll, daß ein Tartar je nach Abstimmung der Gewürze und je nach Qualität des Fleisches nicht ein ausgezeichnetes Mahl sein kann. Das Fleisch nämlich soll nur kurz geschmacklich hervortreten, kaum eine Zehntelsekunde den Gaumen reizen, bevor der Ozean der Saucen und Gewürze ihn überschwemmt.

Rohes Fleisch zu verzehren ist eine uralte Gepflogenheit, die von der Kultur erst tabuisiert wurde, als der Mensch anfing, das Vieh mit Hormonen zu behandeln.

Zu essen, was man liebt, ist ein dunkler Trieb, ein Reich, das sich manchmal hinter Saugen und Säugen auftut. Also: Jenseits des Saugens kommt das *Steak Tartar*, und der Eidotter ist wie fleischgewordenes Licht, wie Wirklichkeit gewordene Worte.

Tabasco ist zwar nicht unverzichtbar, aber ein paar Tropfen helfen den südlichen Regionen des menschlichen Körpers auf die Sprünge.

Steak Tartar

Zutaten pro Person:

150 g Tartar
1 Eidotter
1 Zwiebel
1 EL Kapern
½ EL Senf
1 EL Öl
1 EL gehackte Petersilie
1 saure Gurke, fein gehackt
Paprika, Salz und Pfeffer
Tabasco, Worcestersauce und Ketchup nach Belieben

◆ *Steak Tartar* ist eines der wenigen atavistischen Gerichte, das den Verzehr vollkommen rohen Fleisches vorsieht. Üblicherweise richtet man ein Tartar an, indem man das Fleisch in Form eines kleinen Turbans auf den Teller häuft, in dessen Mitte den unversehrten Eidotter plaziert, während man die verschiedenen Gewürze in kleinen Häufchen um das Steak drapiert.

◆ Die Saucen sowie Salz und Pfeffer separat reichen, damit der Gast nach seinem Geschmack davon Gebrauch machen kann, nachdem er die Hauptzutaten vermengt hat.

Von Austern, Hummern und Mumien

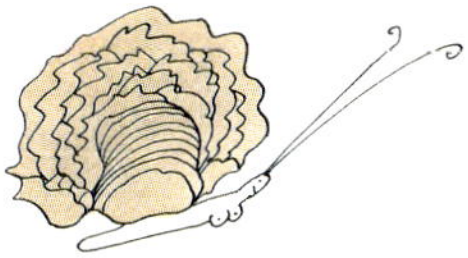

Ich habe oft betont, daß Meerestiere nicht die geringste aphrodisierende Wirkung haben; ihr Verzehr zieht weit häufiger allergische Reaktionen nach sich als einen Beischlaf. Dennoch können Meerestiere – ob muschelförmig oder gotisch spitz wie Languste oder Hummer – Verwendung finden: Ihr Ruf und ihr hoher Preis adeln sie. Sie müssen schon sehr an den Appetit Ihres Gegenübers glauben, wenn Sie Marokkanische Eier als Jagdwaffe einsetzen, oder gleich mit harten Eiern in Béchamelsauce zur unverblümten Anmache schreiten. Im Unterschied dazu können ein paar einfache Austern mit Zitrone viele Türen öffnen, und das nicht aufgrund irgendeiner chemischen Reaktion, die diese Tierchen hervorrufen, sondern dank dem aufreizenden Anblick, den sie bieten. Selbst ein Stockfischgericht – ingeniöseste Erfindung der kochenden Menschheit, die irgendwann darauf kam, daß getrockneter Kabeljau über dem Feuer zu neuem Leben erweckt wird – vereint Eros und Thanatos, also Liebe und Tod, worüber schon genug Tinte geflossen ist. Höchstwahrscheinlich haben altägyptische Entmumifizierungsspezialisten die ersten empirischen Versuche unternommen, mumifizierten Stockfisch zu Stockfisch baskische Art zu verarbeiten. Was die erotisierenden Eigenschaften dieses Gerichts betrifft, das sich den doppelten Tod des Tiers zunutze macht, so verweise ich auf meine Anmerkungen zu dem Rezept.

Ein erlesenes Mahl aus dem Reich der Mitte, das richtige, um Spanier aus dem Hinterland aus der Reserve zu locken, vorausgesetzt, sie haben zumindest einigermaßen das Abitur geschafft. Die Abalone ist eine meiner Lieblingszutaten, sie besitzt für mich denselben moralischen Status wie ein Artischockenherz, wie die Haut an den Stellen, wo Muskeln sich in sich selbst hineinziehen, das kann ein Po sein, eine Wange, ein weiblicher Schoß, ein Lied über die Strände auf Patmos. Die Abalone besitzt die Stofflichkeit von Fisch und das Aroma von Sex, ohne daß man je genau zu sagen wüßte, woran man sich gerade versündigt oder welches Geschlecht man gerade verschlingt. Außerdem sind ihre Sünden unbeobachtet, denn die Abalone ist so exotisch, daß die NATO sie bislang weder als Beitrittskandidat noch als Krisenregion entdeckt hat. Von allen möglichen Zubereitungsarten, ob als Suppe oder in Marinade, wähle ich diesen ganzen Urwald aus Bambus und Pilzen, bei dem die Austernsauce alles mit einer Note Meeresschlick überzieht.

Abalone in Austernsauce

Zutaten für 2 Personen:

1 mittelgroße Dose Abalone-Muscheln
1–2 Bambusherzen
4–5 Shiitakepilze
1 mittelgroße Zwiebel
3 Frühlingszwiebeln (oder chinesische Zwiebeln)
1 kleine Knoblauchzehe
1 Stück Ingwer
3 EL Öl
3 EL Sojasauce
3 EL Austernsauce
1–2 EL Weißwein oder trockener Sherry
1 Prise Zucker
1 Msp Glutamat
3 EL Maizena
Salz, Pfeffer

◆ Pilze einweichen und einige Stunden stehen lassen; anschließend abspülen und den Stiel entfernen. Pilze, Bambusherzen und Abalone in feine Streifen schneiden. Den Saft der Dosenmuscheln aufbewahren.

◆ Die Zwiebel in feine Ringe, die Frühlingszwiebeln in drei bis vier Zentimeter lange Stücke schneiden. Die Hälfte des Öls in einer großen Pfanne erhitzen und die Zwiebel und Frühlingszwiebeln darin andünsten. Sobald sie zu bräunen beginnen, Bambus und Pilze zugeben und ein paar Minuten weiterdünsten. Auf einen Teller geben und warmstellen. In der Pfanne nun das restliche Öl erhitzen, darin den zerstampften Knoblauch und Ingwer anbraten und herausnehmen. Anschließend die Abalone in die Pfanne geben und ein paar Minuten anbraten.

◆ Das Gemüse dazugeben, ebenso die Austernsauce, Weißwein, Glutamat und Zucker. Salzen und Pfeffern. Maizena in etwa einer halben Tasse Muschelsaft anrühren und dazugeben.

◆ Ein paar Minuten kochen lassen, dabei die Pfanne rütteln, damit nichts anbrennt. Heiß servieren.

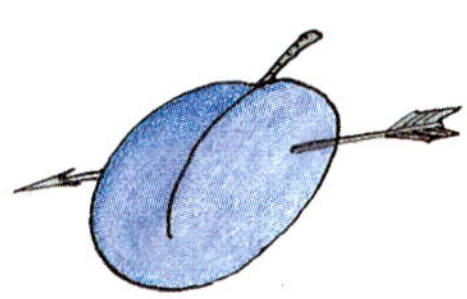

Wäre es nicht Magie, pure Magie, resistent gegen jegliche Erklärung, ich würde Stein und Bein schwören, daß es Magie ist. Der zu Tode gesalzene Stockfisch wird vom Wasser zu neuem Leben erweckt, um sich gleich darauf in formbares Material zu verwandeln, wie Marmor unter Michelangelos Händen oder Ton auf der Töpferscheibe eines Meisters aus Guadix.

Es ist pure Magie, daß sich der tote Stockfisch in eine Substanz verwandelt, aus der wiederum wie von Zauberhand eine Sauce hervorgeht, hell und cremig wie stocksolide Milch. Zwei Körper, die zur selben Zeit aus derselben Schüssel *Stockfisch baskische Art* verzehren, werden zwangsläufig zu kommunizierenden Röhren, denn sie verständigen sich nicht nur über ihre Sprache, sondern über die Substanz, die Chilischoten, die Zunge, über Dinge also, zu denen die verschwörerische Intimität gemeinsamen Wissens Zugang schafft.

Also sprach Zarathustra. Ich möchte nur noch hinzufügen, daß dies das Königsgericht der Meere und der Betten ist, und damit das Königsgericht aller Abenteurer, und daß man auf das Leben notfalls verzichten kann, auf Abenteuer hingegen nicht.

Stockfisch baskische Art

Zutaten für 4 Personen:

8 Stücke Stockfisch
1/2 l Olivenöl
4 Knoblauchzehen
2 kleine Chilischoten

- Am Vortag den Stockfisch in Wasser legen und mindestens vierundzwanzig Stunden wässern, dabei das Wasser alle acht Stunden wechseln. Anschließend probieren, ob der Fisch vollständig entsalzen ist.

- Wasser abgießen und Fisch ausdrücken, schuppen und entgräten.

- Olivenöl in einer Pfanne erhitzen, ganze Knoblauchzehen und Chilischoten andünsten. Sobald der Knoblauch goldbraun ist, ihn zusammen mit den Chilischoten aus der Pfanne nehmen und beiseite legen; jetzt den Stockfisch in das Öl geben, möglichst mit der Haut nach oben. Anbraten und bei geschlossenem Deckel schmoren. Guter Stockfisch benötigt mindestens fünfzehn Minuten Garzeit.

- Sobald der Fisch gar ist, Öl in eine Tasse abgießen und den Fisch bei niedriger Hitze mit dem Bratenwender zerteilen und zerstoßen; dabei nach und nach das zuvor abgegossene Öl hinzufügen, bis eine sämige Sauce entsteht.

- In eine vorgewärmte Schüssel geben und mit den in Ringe geschnittenen Chilischoten und den Knoblauchzehen garnieren.

Hummer armorikanische Art

Dieses Gericht ist luxuriös und teuer wie manche Hemden und manche Leben. Ideal für ins Stocken geratene Annäherungsversuche zu Leuten aus einer niederen Gesellschaftsschicht, unter der Voraussetzung, daß der Gastgeber im passenden Moment den Kilopreis für Hummer anzuführen weiß. Genausogut eignen sich Ausführungen über die Kämpfe, die Hummer und Langusten in den Tiefen fremder Weltmeere austragen.

Trotz seines stolzen Preises erreicht der Hummer nie die höheren Weihen eines Rinderfilets in venezianischen Restaurants. Sei's drum, um etwas über die Kämpfe in der Tiefsee zu erfahren, lesen Sie »Alle unsere Speisen« von Josep Pla, einem katalanischen Haus- und Hofschriftsteller des zwanzigsten Jahrhunderts, der so geschmackssicher war, daß er niemals *Hummer armorikanische Art* probiert hat, weil er die Herkunftsbezeichnung albern und die Zubereitung verfälschend fand. Denn nichts kommt an einen scharf angebratenen Hummer heran, der von einer schlichten Sauce aus Öl und Zitronensaft begleitet wird.

Aber der Zweck heiligt die Mittel, und *Hummer armorikanische Art* ist manchmal unverzichtbar, wenn alles andere versagt, um an die entblößte Haut zu kommen. Und darauf kommt es doch an.

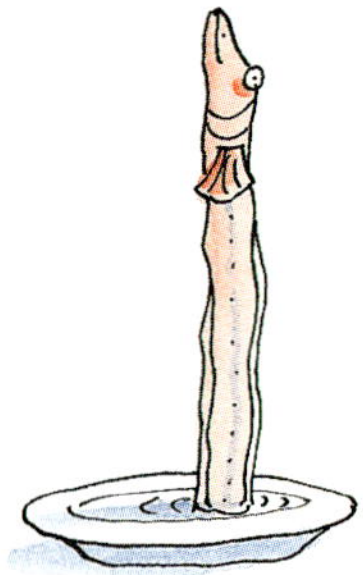

Zutaten für 2 Personen:

1 lebender Hummer (900 g)
3 EL Öl
120 g Butter
1 kleine Zwiebel
1 Schalotte
$1/2$ Knolle Knoblauch
$3/4$ l trockener Weißwein
0,3 l Fischfond
7 cl Cognac
2 Tomaten, abgezogen und entkernt
1 EL Tomatenmark
10 g Mehl
1 Kräutersträußchen
$1/2$ Bund Petersilie
$1/2$ Bund Estragon
Cayennepfeffer
Tabasco
Salz und frisch gemahlener Pfeffer

◆ Hummer töten, Beine abschneiden und Scheren mit einem Messergriff zertrümmern. Den Schwanz in vier Stücke schneiden, Kopf längs halbieren. Das Fleisch nicht auslösen. Lediglich den Magensack, der Sand enthält, entfernen, und vorsichtig den Rogen auslösen und in einer großen Tasse aufbewahren.

◆ Öl mit 20 g Butter in einem großen Topf stark erhitzen und die Hummerteile scharf anbraten, salzen und pfeffern; dabei mit einem Holzwender umrühren, bis das Fleisch fest und der Panzer leuchtend rot wird. Das Fett vorsichtig aus dem Topf abgießen.

◆ Zwiebel, Schalotte und Knoblauch fein hacken und über den Hummer geben. Rasch umrühren und mit einem Großteil des Cognacs übergießen (einen kleinen Rest aufbewahren), flambieren; Weißwein und Fischfond in ausreichender Menge zufügen, so daß die Hummerstücke bedeckt sind, außerdem die zerquetschten Tomaten, Tomatenmark und das Kräutersträußchen.

◆ Zwanzig Minuten im geschlossenen Topf kochen, anschließend die Hummerteile herausnehmen. Von Beinen, Scheren und Schwanzstücken die Schalen entfernen, das Fleisch auslösen und in eine vorgewärmte Schüssel legen.

◆ Für die Sauce die Kochflüssigkeit auf die Hälfte einkochen; mit einem Schneebesen die Sauce mit dem zerquetschten Rogen binden. In einem kleinen Topf 50 g Butter zerlassen, Mehl einrühren und kurz schwitzen lassen, durch ein Sieb in die Kochflüssigkeit streichen. Den restlichen Cognac und Butter hineinrühren und mit Salz, Pfeffer und einem Spritzer Tabasco abrunden.

◆ Die Sauce über die Hummerteile gießen, gehackte Petersilie und Estragon darüberstreuen. Dazu paßt Pilaw-Reis.

Ein kantabrisches Gericht, ich würde sogar sagen, aus dem hintersten Winkel Kantabriens, wo sich Auster und Wolfsbarsch gute Nacht sagen. Wolfsbarschinnen sind hübsch, aber beschränkt, anders als die Auster, die von außergalaktischer Gefährlichkeit ist, als wäre sie ein meteorischer Parasit.

Wie jede Kreation der neuen Küche hat der *Salat aus Austern und Wolfsbarsch* viel mit abstrakter Bildhauerei gemein, denn die neue Küche verhält sich zur alten wie die Malerei Mirós zu einem Stilleben von Zurbarán. Wenn Sie also mit der neuen Küche liebäugeln, sind Sie auf Tischpartner angewiesen, die in der Lage sind, ihre spanische Heimat nicht ausschließlich als Land des Knoblauchs und des Chorizo hochzujubeln. Der *Salat aus Austern und Wolfsbarsch* paßt hervorragend zu Freunden des L'art pour l'art und zu Skorpionen, deren Stachel er zähmt, ohne ihre Lenden einzuschläfern.

Eine Skulptur, die sich sehen lassen könnte: ein Stückchen Wolfsbarsch mit einer Auster obendrauf, auf die Erhebung eines schönen Hinterns plaziert, der wie hingegossen auf einem Leinenlaken liegt.

Salat aus Austern und Wolfsbarsch

Zutaten für 4 Personen:

1 kg Wolfsbarsch
$1^1/_2$ Dutzend Austern
Saft von 2–3 Zitronen
4 EL Öl (Oliven- oder Maiskeimöl)
2 EL milder Weißweinessig
1 Bund frische Kräuter, z.B. Dill
Salz und Pfeffer

- Wolfsbarsch schuppen, ausnehmen, filetieren und die Filets in Alufolie wickeln. Mindestens vierundzwanzig Stunden in den sehr kalten Kühlschrank legen (oder entsprechend kürzer ins Gefrierfach), um ihn anschließend in hauchdünne Scheiben schneiden zu können.
- Die Wolfsbarschscheiben nun mit Zitronensaft, Öl, Essig, den feingehackten Kräutern, Pfeffer und Salz marinieren und in eine flache Schüssel breiten.
- Austern öffnen und das ausgelöste Muschelfleisch auf den marinierten Wolfsbarsch legen, den Saft aus den Schalen darübergießen.
- Jeweils eine Auster zusammen mit einem Happen Barsch zum Mund führen.

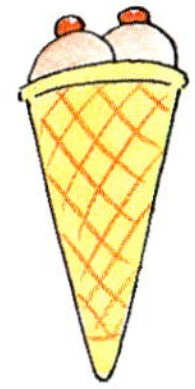

Aus Asien kommt dieses wunderbare Gericht zu uns, das mit nordischem Steinbutt zubereitet werden kann, direkt aus den Fischgründen vor Günter Grass' Haustür in der Danziger Bucht.

Kadgeri ist ein für alle fremden Einflüsse offenes Gericht, doppelt köstlich, wenn man es mit einer sowjetischen Spionin der vierten Generation ißt, mit indischer Mutter und einem Vater, der im Gulag umgekommen ist, weil er der Meinung war, Chruschtschows größter Fehler habe nicht darin bestanden, mit Schuhen gegen die Pulte der UNO getreten zu haben, sondern es mit Schuhen getan zu haben, die schmutzig und stinkend waren, was auf der empfindlichen Haut des Spanischen Repräsentanten, der in der Reihe vor der sowjetischen Delegation saß, einen glücklicherweise nur kurzen, aber heftigen Pickelausschlag verursachte.

Da die sowjetische Spionin von ihrem Vater Urteilskraft und Feinfühligkeit geerbt hat, bemerkt sie, daß *Kadgeri* einem Eissoufflé sehr nah kommt. Wozu sonst die kochende Currylava, die sich über die kalten Eiwürfel und Fischquader ergießt?

Kadgeri

Zutaten für 4 Personen:

600 g Steinbuttfilet
1/2 Tasse Béchamelsauce
6 Eier
200 g Reis
2 mittelgroße Zwiebeln
100 g Butter
scharfer Curry
Cayennepfeffer
Muskatnuß
100 g Mandeln

- Eier hart kochen, schälen und in kleine Würfel schneiden. Reis nach Anweisung kochen. Steinbuttfilet entgräten und pochieren. Béchamelsauce mit Curry kräftig würzen und ein paar Löffel unter den Steinbutt mengen, ebenso die Eier und den Reis. Zwiebeln fein würfeln und in der Hälfte der Butter andünsten; unter den Fisch mengen.
- Alles gut vermischen und mit Cayennepfeffer und geriebener Muskatnuß abschmecken und kaltstellen. In einer Schüssel servieren und die kochende Curry-Béchamelsauce darübergießen.
- Die Mandeln raspeln und kurz in der restlichen heißen Butter rösten, darüberstreuen. Sofort servieren.

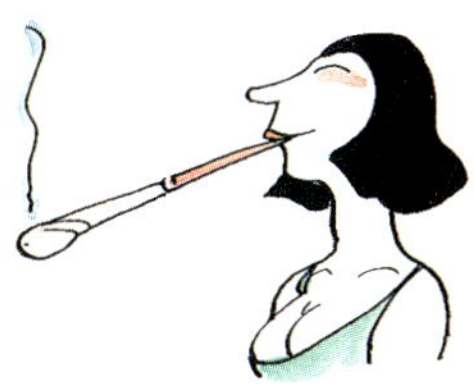

Seite 120

Wie auch der Hummer armorikanische Art ist die *Languste sybaritische Art* Bestandteil der kulinarischen Kitschkultur und damit vorzüglich geeignet für kitschige Momente, wenn der Schlachtenlärm des Was-sich-liebt-das-neckt-sich einmal für kurze Zeit verstummt.

Lassen Sie mich kurz die weichherzigen Leser beschwichtigen, die bei der barbarischen Anweisung, eine Languste bei lebendigem Leib zu zerstückeln und zu kochen, in Tränen ausbrechen. Puristen bestehen auf dieser barbarischen Vorgehensweise, damit die Languste saftig bleibt und die typisch starre Konsistenz bekommt, die grausame Todesarten jedem Fleisch geben. Leser auf der Suche nach geschmacklichen Abenteuern werden sich entscheiden müssen zwischen ihren Gefühlen und ihrer Neugier und vielleicht den Mittelweg wählen, die Languste zu töten, bevor sie sie zerstückeln, wobei trotzdem darauf zu achten ist, daß das Tier saftig bleibt.

Die Hartherzigen unter Ihnen dringen dank des Märtyrertodes der Languste zu den tiefsten Quellen der Lust vor. Was sie betört, ist der stumme Schrei der Languste. Nicht ihr Geschmack.

Languste sybaritische Art

Zutaten für 4 bis 5 Personen:

1 lebende Languste
2 Zwiebeln
3 Karotten
je 1 Bund Petersilie und Thymian
100 g Butter
1 Flasche trockener Champagner
Cayennepfeffer

- Zwiebeln und Karotten sehr fein würfeln. Die Hälfte der Butter in einem großen Topf zerlassen, Zwiebeln und Karotten darin andünsten, gehackte Petersilie und Thymian zufügen.
- Die lebende Languste in Stücke zerteilen und zu den anderen Zutaten in den Topf geben.
- Die Flasche Champagner dazugießen, restliche Butter zugeben.
- Eine halbe Stunde bei mittlerer Hitze kochen, servieren.

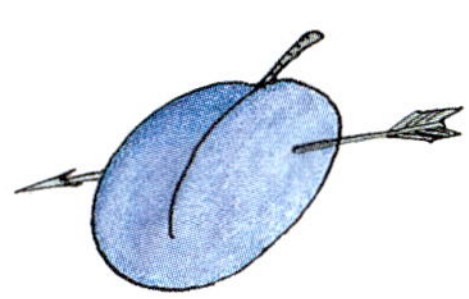

Auch wenn man sich fragt, wie ein Pole auf so eine »Vorspeise« gekommen sein mag, muß man anerkennen, daß das Salzige dazu auffordert, den von ihm hervorgerufenen irrsinnigen Durst zu löschen, in diesem Fall mit einem Glas eisgekühlten Wodkas, gefolgt von einem halben Krug Bier, und das Happen für Happen.

Nach vier bis fünf Durchgängen gleichen weder der Hering noch der Pole im entferntesten ihrem ideellen Urzustand, weshalb Letzterer zu allem bereit sein wird. Eine unwiderstehliche Versuchung für alle Altersklassen und Geschlechter, für alle denkbaren Kombinationen von Alter und Geschlecht, lediglich für Cholesteringeplagte sind Salz wie Alkohol Gift.

Zu den *Heringshappen polnische Art* reicht man mit Butter bestrichene Schwarzbrotscheiben, weshalb man sich nach dem Essen mit besonderer Sorgfalt die Lippen abtupfen sollte. Denn während Olivenöl ein guter Begleiter für Küsse ist, sorgt Butter für einen eher schalen und billigen Beigeschmack.

Butter ist eine schlechtere Kupplerin als ein Hering, trotz der Theorie, kräftige und schmeichelnde Geschmacksnoten würden die Liebesmayonnaise zum Versiegen bringen.

Vier von fünf befragten Paaren nannten als Antwort auf die Frage, was lusthemmender auf sie gewirkt habe – Hering oder Butterbrot –, ohne zu zögern die Scheibe Schwarzbrot mit Butter.

Heringshappen polnische Art

Zutaten für 4 Personen:

8 eingelegte Heringsfilets
6 Sardellenfilets
60 g Butter
1 EL Zitronensaft
3 EL feingehackte Kräuter (Kerbel, Estragon und Schnittlauch)
2 hartgekochte Eier
125 g eingelegte Rote Bete
2 EL Kapern

- Heringsfilets abspülen und die weiße Haut abziehen, längs halbieren, zu einem länglichen Oval zuschneiden.
- Die übrigbleibenden Spitzen zusammen mit den abgespülten Sardellenfilets, Butter und Zitronensaft zerquetschen.
- Einen EL der gehackten Kräuter untermischen.
- Die Heringsfilets mit einer Schicht der Paste bestreichen und zu einem Zylinder zusammenrollen.
- Eiweiß und Eidotter getrennt voneinander hacken und die Enden der Heringsröllchen hineintupfen.
- Rote Bete in Würfel oder Scheiben schneiden. Die Heringshappen auf einem Teller anrichten und den Rand mit Roter Bete und Kapern garnieren.

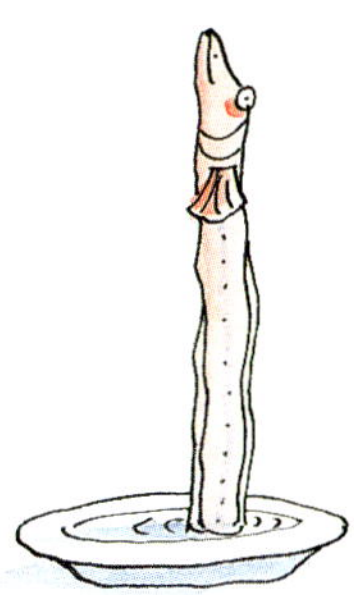

Unter den Tieren, die zartbesaitete Männer und Frauen zu Tode erschrecken, kommt gleich an dritter Stelle, nach Maus und Fledermaus, der Tintenfisch. Dennoch, während der Tintenfisch der Nordmeere ungehindert seinen Schrecken verbreitet, ob tot oder lebendig, tiefgefroren oder gekocht, ist der Tintenfisch der griechischen Inseln von jenem falschen, mit Sirtaki und Obristen beladenen mediterranen Liberalismus infiziert; ich habe das überprüft. Auf Mykonos hängt man die Tintenfische unter freiem Himmel zum Trocknen auf und serviert sie als Appetithappen bei Sonnenuntergang, wenn sich jegliche Verkrampfungen körperlicher wie seelischer Natur lösen. Darum wird dem griechischen Tintenfisch eine unterstützende Wirkung bei der sexuellen Initiation zugeschrieben, die wohl eher auf Sonne und andere Stimmungsmacher zurückzuführen ist. Natürlich stellen der wilde Fenchel und der Rotwein in meinem Rezept eine Aufforderung zur Sünde dar, die der Gaumen erschmeckt; dieser ist nämlich in der Lage, Geschmackscodes zu dechiffrieren, und er begreift, was Fenchel und Rotwein sagen möchten: »Befeuchte dich und laß geschehen.« Ökobewegte Neunzehnjährige aus Großbritannien mit so akkuraten Brüsten wie Pos schmelzen bei *Tintenfisch kretische Art* dahin. Ihre Mütter auch.

Männer hingegen essen Tintenfisch meistens in viel zu männlicher Manier. Als ob sie die vielförmige, tierische Bedrohung all der großen und kleinen saugenden Penisse durch Verzehr bannen könnten.

Tintenfisch kretische Art

Zutaten für 4 Personen:

600 – 700 g ausgenommener Tintenfisch
5 – 6 EL Olivenöl
1 Zwiebel
$^{1}/_{4}$ l trockener Rotwein
1 Bund wilder Fenchel (ersatzweise 1 Fenchelknolle, zusammen mit dem Kraut blanchieren)
3 – 4 Tomaten
Salz und Pfeffer

- Den Tintenfisch in fingerbreite Ringe schneiden. Öl in einem Topf erhitzen, die gehackte Zwiebel darin glasig dünsten.
- Tintenfischringe und Wein hinzufügen. Bei niedriger Hitze mit geschlossenem Deckel fünfzehn Minuten köcheln lassen.
- Währenddessen Tomaten überbrühen, die Haut abziehen, Kerne entfernen und in Würfel schneiden, Fenchel samt Kraut hacken. Fenchel und Tomaten zum Tintenfisch geben, mit Salz und Pfeffer abschmecken und gut vermengen.
  Im geschlossenen Topf so lange köcheln lassen, bis der Tintenfisch gar ist (fünfzig bis sechzig Minuten).
- Kann warm oder kalt serviert werden.

Der Butt, der Günter Grass an der Danziger Bucht gebar, konnte weder lesen noch schreiben, aber er kannte das Zwicken und Kneifen der anderen Fische und die Gepflogenheit, sein weißes Fleisch zu mystifizieren.

In alten Zeiten trug er ein Rezept auf die Haut tätowiert: *Steinbutt nach Teufelinnenart,* das ihm vor der Küste Hamburgs eingraviert worden war, lange vor der Hanse und dem Geschwätz von der natürlichen rechten Mehrheit eines Don Manuel Fraga Iribarne und eines Charles Maurras. Das Rezept stammt aus dem Palimpsest der Beschwörungsformeln von Sankt Apolonius von Mainz, einem Heiligen, dem Gott drei Hoden geschenkt hatte und einen Hahnensporn, mit dem er die Ketzerhuren zu töten pflegte.

Ein unkompliziertes Gericht für ungeduldige Hexenmeister, mit genauso unfehlbarer Wirkung wie *Bohnen katalanische Art,* wobei dieser Vergleich nirgendwo in einem Palimpsest auftaucht, noch nicht einmal für die Periode, als Katalonien Königreich war und noch nicht autonome Verwaltungseinheit.

Steinbutt nach Teufelinnenart

Zutaten für 4 bis 5 Personen:

1 Steinbutt
2 mittelgroße Zwiebeln
1 Knoblauchzehe
je 1 Bund Thymian und Petersilie
2 – 3 Lorbeerblätter
5 – 6 Gewürznelken
schwarze Pfefferkörner
1 – 1½ l Olivenöl
8 – 10 Sardellenfilets
Paprikapulver
Salz

◆ Den Steinbutt ausnehmen und die Haut abziehen; Zwiebeln, Knoblauchzehe, Thymian, Lorbeerblätter, Petersilie und Nelken fein hacken und zusammen mit den Pfefferkörnern und dem Öl zu einer Marinade verrühren. Den Steinbutt mindestens drei Stunden darin ziehen lassen.

◆ Sardellenfilets abspülen und mit ein paar Tropfen Öl und dem Paprikapulver zu einer gleichmäßigen Paste zerstampfen.

◆ Öl in einer Pfanne erhitzen, den marinierten Fisch darin braten, in Scheiben aufschneiden und mit der Sardellenpaste servieren.

HB

Lachs in Riesling

Es ist bewiesen, daß zwei von drei beneidenswerten Opfern, die der Versuchung dieses Gerichts ausgesetzt waren, an ein Bankett in Bayern dachten, ohne daß man auf ehrlichem oder unehrlichem Weg erklären könnte, warum.

Frischer Lachs besitzt die Farbe verbotener Haut, übersät mit berührungshungrigen Papillen, wie die eingezwängte Haut der Menschen, die Macht und manchmal auch Lust ausdünstet. Die Wissenschaft hat nach wie vor im Lachs keine Substanz nachgewiesen, die die ihm nachgesagte erhitzende Wirkung bestätigen könnte, zumal sich die menschliche Haut aus sich selbst heraus erhitzt. Am Ende stellt sich eben doch heraus, daß man mit Chemie dem Wesen des Sex nicht beikommt, unter anderem, weil Sex wohl die einzige menschliche Betätigung ist, bei der Empirie nicht weit führt.

Als Beleg für so eine kühne wissenschaftliche Behauptung kann gelten, daß dieselben zwei von drei Personen, die an ein Bankett in Bayern denken, wenn sie der Versuchung eines *Lachses in Riesling* erliegen, anschließend geneigt sind zu glauben, Bayern wäre ein Ort der Gemütlichkeit, ein weiches Bett, die Heimat schlechthin, farbenfroh und duftend wie ein Lachs.

Zutaten für 6 Personen:

½ Lachs (1,5 – 1,8 kg)
150 g fetter Speck
60 g Schalotten
1 Flasche Riesling
1 gemischtes Kräutersträußchen
350 g Butter
25 g Mehl
4 Eidotter
0,1 l Crème fraîche
Salz, frisch gemahlener Pfeffer, Cayennepfeffer

- Den halben Lachs filetieren, Speck in Streifen schneiden und die Lachsfilets damit spicken. Salzen und mit frisch gemahlenem Pfeffer würzen.
- Backofen auf 180 °C vorheizen. Lachsfilets in eine feuerfeste Form legen. Schalotten fein hacken, 60 g Butter zerlassen und beides über den Lachs gießen; den Lachs dabei mehrmals wenden, damit er gut mit der Sauce bedeckt ist. In den Ofen schieben und nach etwa fünf Minuten noch einmal wenden; nach weiteren fünf Minuten die Flasche Riesling zu drei Vierteln darübergießen.
- Das Kräutersträußchen zufügen und etwa eine Stunde lang backen, hin und wieder den Lachs mit dem Bratensaft begießen.
- Den Lachs aus dem Backofen nehmen und die Filets in einer vorgeheizten Schüssel anrichten. Ein Stückchen Butter darauf zerlaufen lassen, zudecken und warmstellen.
- In einem mittelgroßen Topf 25 g Butter zerlassen, das Mehl einrühren. Ein paar Minuten schwitzen lassen, ohne daß die Butter braun wird, und vom Feuer nehmen. Die Bratenflüssigkeit dazugießen und gut mit einem Schneebesen aufschlagen.
- Etwa dreißig Minuten kochen lassen und hin und wieder den Schaum abschöpfen.
- Die restliche Butter zerlassen. Die vier Eidotter zusammen mit einem EL kaltem Wasser und einer Prise Salz in einen kleinen Topf geben; über der Flamme kräftig verrühren, bis die Mischung bindet und eindickt. Vom Herd nehmen und allmählich die zerlassene Butter zugeben; dabei ständig weiterrühren (wie beim Herstellen einer Mayonnaise). Den abgeschöpften Schaum, den restlichen Wein und die Crème fraîche einrühren.
- Die Sauce mit einer Idee Cayennepfeffer abrunden, ein Teil über den Lachs gießen, den Rest separat reichen.

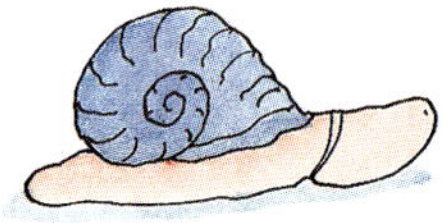

Der Tintenfisch ist das weiblichste Wesen unter den Zephalopoden, und würde man es ihm erlauben, behielte es seine Jungen so lange in der Mantelhöhlung, bis sie zum Militär müssen.

Die weiße und säuerliche Milde des kleingeschnittenen Tintenfischs verdient die dunkle Note einer grünen Olive, ihren harschen und mißmutigen Geschmack, denn das beschert dem Gaumen die Lebendigkeit widerstreitender Meinungen.

Bereiten Sie dieses Gericht vorzugsweise für Feministinnen von der melancholischen Fraktion, wenn möglich hellblond, ob echt oder gefärbt spielt keine Rolle, da eh nur wenige Blondinen natürlich aussehen oder gar naturblond sind. Hellblond und blaß, von der ausgewaschenen Blässe, die vor allem in Städten mit feuchtem Klima anzutreffen ist. Vorzugsweise hat die Frau lange, nicht zu straffe Gliedmaßen und eine dieser durchdringenden Stimmen, die für unseren Sprachinstinkt wie gemacht zu sein scheinen.

Fenchel ist für die Olive, was Ortega y Gasset für Al Bano und Romina Power ist: unentbehrlich, um ihre Identität zu finden. Außerdem schrieben schon die Alten dem Fenchel lindernde Wirkung bei Blähungen und bei Kälte im Unterleib zu, besonders bei Frauen. Ob es stimmt oder nicht, immerhin bietet sich Ihnen so ein Vorwand, die Verwendung des Krauts in Ihrer Küche zum Anlaß zu nehmen, Ihre Bildung über Aphrodisiaka unter Beweis zu stellen. Niemand hat, soweit ich weiß, sein Gegenüber nur aufgrund dessen, was er ihm zum Mahl serviert hat, für sich gewinnen können, wohingegen eine reiche und ausgetüftelte Kasuistik darüber existiert, wie Menschen sich bei der Unterhaltung über das, was sie gerade aßen, nähergekommen sind. Es ist ratsam, mit dem Knoblauch nicht zu großzügig umzugehen, da er zwar ein wunderbares Feuerwerk der Passionen entfachen kann, das aber schnell zu Asche zu zerfallen droht, wenn die dunkle Furcht vor schlechtem Atem aufkeimt. Wenn Sie Zeit und Gelegenheit dazu haben, können Sie den schlechten Atem loswerden, indem Sie nach dem Essen mit Chloraminlösung (Verdünnung 1:100) gurgeln. Doch sollten die Partner diese praktische Maßnahme voreinander geheimhalten, denn nichts läßt die Muskulatur des sexuellen Begehrens so sehr erschlaffen wie die Entdeckung mundhygienischer Vorkehrungen. Das ernüchtert noch mehr, als zu erfahren, daß der andere eine Prothese trägt, wo auch immer.

Gedünsteter Tintenfisch mit grünen Oliven

Zutaten für 4 Personen:

1 kg Tintenfisch
3/4 kg Tomaten
3 Knoblauchzehen
3 EL Olivenöl
75 g entkernte grüne Oliven
0,1 l trockener Weißwein
1 Lorbeerblatt
1 Stiel eines Fenchels (ersatzweise 1/2 TL Fenchelsamen)
Salz und Pfeffer

- Tomaten mit kochendem Wasser überbrühen, häuten und in Stücke schneiden. Den Tintenfisch ebenfalls in kleine Stücke schneiden und zusammen mit den Tomaten, den zerquetschten Knoblauchzehen, Olivenöl und Gewürzen in einen möglichst irdenen Topf geben und aufsetzen.
- Sobald der Tintenfisch Saft läßt und der Tomatensaft zu kochen beginnt, Weißwein und Oliven zufügen.
- Topf mit dem Deckel schließen und auf sehr kleiner Flamme so lange köcheln, bis der Tintenfisch ganz weich ist (er soll fast zerfallen, wenn er mit dem Zinken einer Gabel in Berührung kommt).
- Lorbeerblatt und Fenchelstiel entfernen und servieren.

Vom Naschen und Vernaschen

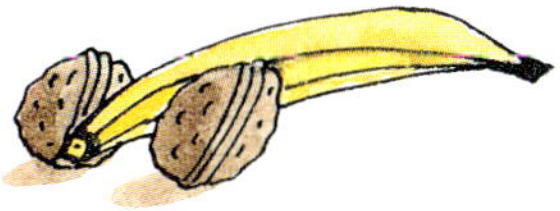

Einer der vielen ungerechtfertigten Vorwürfe gegen mich lautet, ich sei kein großer Freund von Nachspeisen, was ein typischer Ausdruck meiner ungeduldigen, pragmatischen Art sei. Nachspeisen machen träge und sind zur Ernährung überflüssig, da Vorspeisen und Hauptgänge bereits alle benötigten Nährstoffe liefern. Dieser Kritik stimme ich nicht zu, und mehr als das, ich behaupte, daß eine Nachspeise unter Umständen einen schweren Kalkulationsfehler beheben kann, der einem bei der vorangegangenen Menüfolge unterlaufen ist. Ich habe bereits dick und breit die guten Resultate genannt, die man mit Bananen erzielen kann, aber ob Sie es glauben oder nicht, auch mit Gefüllten Feigen syrischer Art gelingen Ihnen unvergeßliche fleischliche Eroberungen. Aber daß mir niemand, so knapp in der Zeit oder bei Kasse er auch sein mag, die syrischen Feigen vereinfacht, indem er einfach eine Nuß oder Mandel in eine Feige steckt, wie die Spanier es gerne tun. Wie primitiv! Gefüllte Feigen syrischer Art sind eine Versuchung, gerade weil sie eine Ode an den Überfluß sind. Nicht umsonst sind die Syrer den frühen Hochkulturen und Samarkand immer näher gewesen als die artigen Bewohner des kastilischen Städtchens Astorga mit ihren unbeschreiblichen Butterkuchen, deren geschmackliche Tugenden zwar niemand in Zweifel zieht, die aber völlig untauglich sind, um jemanden zu vernaschen.

Das Heimtückische an diesem Dessert auf Eidotterbasis ist die beigegebene Nelke, ein mythenumwobenes Gewürz, dem alle möglichen und unmöglichen Eigenschaften zugeschrieben werden.

Eva Braun machte Hitler häufig *Bayerische Creme,* und sie aßen sie schweigend, um sich nicht vom Lärm der Bombardements abzulenken. Sie verwendete jedoch niemals Nelken, da Hitler der Ansicht war, die Nelke gehöre einer minderwertigen Gewürzrasse an. Hitler hat das zwar nirgends schriftlich festgehalten, aber unter seinen engsten Vertrauten war seine Ablehnung gegen das Gewürz bekannt, das so gerne bei Gebratenem verwendet wird, die duldsame Glasigkeit der Zwiebel durchbohrend, sozusagen eine Spielzeug-Orsini-Bombe für versteckte Explosionen auf dem Topfboden.

Bayerische Creme ist eine Hausmannsköstlichkeit für vielköpfige Familien, und darum eignet sie sich, abgesehen von dem Fall Braun-Hitler, für ein von der Nachspeise gespeistes Stelldichein, das mit Füßeln unter der Tischdecke beginnen und in den schwülen Stunden der Mittagsruhe seine Fortsetzung finden kann, mit Tätscheln und Kneifen, was bei molligen Ehepaaren ritueller Ausdruck für die Extraportion Sexualität ist.

Wer jemals ein dickes Ehepaar beim Liebesspiel gesehen hat, wird für immer ein harmonisches Bild von der Welt haben, als ob die Welt denjenigen Recht gäbe, die finden, daß sie gut ist, wie sie ist.

Der Schweiß der *Bayerischen Creme* ist süß und hinterläßt in den Speckfalten einen öligen Film. Im Schummerlicht küssen die geweiteten Pupillen alles, was sie sehen, und die Lippen beschwören die Ewigkeit.

Bayerische Creme »Perfect Love«

Zutaten für 8 bis 10 Personen:

400 g Zucker
3 Eidotter
45 cl Milch
6 Gewürznelken
90 g Bitterschokolade
15 g Gelatine in Pulverform, angerührt in 4 EL kaltem Wasser
0,4 l Schlagsahne
geriebene Schalen von 2 Zitronen

- Man kann für die Creme auch Kaffee verwenden, dafür Schokolade und Milch durch 45 cl frisch zubereiteten, sehr starken Kaffee ersetzen.
- Eidotter mit dem Zucker schaumig schlagen. Milch mit den Gewürznelken erhitzen, Schokolade darin auflösen. Kurz bevor die Milch zu kochen beginnt, die Nelken entfernen und unter ständigem Rühren langsam in die Eidotter einrühren.
- Alles zusammen erhitzen, mit einem hölzernen Kochlöffel ständig rühren und achtgeben, daß die Masse nicht zu kochen beginnt.
- Vom Herd nehmen und die aufgelöste Gelatine einrühren. Schlagsahne steif schlagen und unterziehen, sobald die Creme abkühlt; Zitronenschale zugeben.
- Die Creme in eine leicht geölte Form gießen und vier Stunden lang in den Kühlschrank stellen.
- Stürzen und servieren.

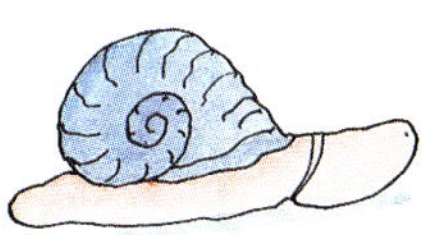

Nach dem Liebesspiel, vor allem mit einer rassigen Frau aus dem kantabrischen oder sonst einem Gebirge, Hauptsache Gebirge, muß man sich etwas Zeit für Zärtlichkeiten gönnen, denn Rassefrauen aus dem Gebirge sind so trocken wie iberischer Schinken, nicht etwa so verspielt wie ihre Kolleginnen aus dem Flachland.

In dieser geschenkten Zeit der Zärtlichkeiten gibt es nichts Zauberhafteres als volkstümliches Zuckerwerk, das ausnahmsweise nicht von einer Frau, sondern von einem Mann gereicht wird. Denn es ist eine sentimentale Streicheleinheit, eine Hommage an die häusliche Zuwendung, wenn ein Mann ein Tablett mit *Bienmesabe* aus dem Kühlschrank holt, das wahrscheinlich seine Mutter zubereitet hat, um für den Heimaturlaub ihres Sohnes vorzusorgen. Und für den Fall, daß er unglücklicherweise keine Mutter mehr hat, nimmt eine mit Großzügigkeit gesegnete Stiefmutter oder eine alte Nachbarin oder Portiersfrau ihren Platz ein.

Ein Gericht, das nach guten alten Zeiten und Kindertagen schmeckt, nach damals, als Zuckerwerk ein Zuhause war und die Welt von den vier Wänden eines imaginären Hauses begrenzt wurde.

Nach dem Genuß von *Bienmesabe* werden Sie unzweifelhaft feststellen, daß Ihre Liebespraktiken ganz anders geworden sind, ruhiger und sanfter, weniger aggressiv, auf eine ganz eigene Weise entwaffnend, wie nur wahre Liebe es ist.

Allerdings gehen Sie das Risiko ein, daß Ihre Liebe von Dauer sein und nach einer festen Beziehung streben wird, was ohne jeden Zweifel dem *Bienmesabe* zuzuschreiben ist. Wer dieses Risiko vermeiden möchte, sollte statt dieser nostalgischen Nachspeise Pestiño servieren, das schmeckt genauso gut, ist durch und durch und aus sich selbst heraus süß, nur nicht so sentimental.

Bienmesabe (Schmecktmirgut)

Zutaten für 20 bis 25 Portionen:

36 Eidotter
1350 g Zucker
1 Stange Zimt
Schale von 1 Zitrone
1350 g geröstete und geriebene Mandeln
0,5 l Wasser

- Eidotter ein paar Minuten lang schaumig schlagen.
- Zucker, Zimtstange und Zitronenschale in einen Topf geben und vermischen. Erhitzen, bis der Zucker sich auflöst und zu karamelisieren beginnt.
- Nach und nach und unter ständigem Rühren die Mandeln zufügen. Aufpassen, daß die Masse nicht anbrennt.
- Zimtstange und Zitronenschale herausnehmen.
- Unter ständigem Rühren in eine Richtung das Eigelb zufügen. Sofort vom Herd nehmen, sollte die Masse zu kochen anfangen.
- Auskühlen lassen und kalt servieren.

Nachdem die glückliche Gelsomina in La Strada über den Sinn des kleinsten Kieselsteins im Universum philosophiert hat, kann uns da noch überraschen, daß sogar Ingwermarmelade, selbst Ingwermarmelade mit aufgekochtem Honig einen Sinn hat?

Paßt zu weißhäutigen Personen, und auch wenn die Marmelade irgendwie an Enthaarungscreme erinnert, ist es ein unvergleichlicher Genuß, mit ihr einen makellosen Körper hingebungsvoll zu bestreichen und sie wieder abzulecken. Keine Angst, vor dem Gebrauch der Lauge brauchen Sie nicht zurückzuschrecken, denn Lauge bedeutet in der kulinarischen Nomenklatur des Mittelalters ein Sud aus Holz und Wasser zum Bleichen von Früchten; wenn Sie aber das Gebräu partout nicht inspiriert, oder wenn Sie ein so skeptischer Mensch sind, daß Sie solchen Mätzchen wie Lauge nicht über den Weg trauen, dann nehmen Sie statt dessen Wasser mit einer Handvoll Salz, das bleicht genauso.

Auch wenn die Küche als freie Wissenschaft und neurotische Kunst ein Ort der Toleranz ist, sollte man sich hüten, diese Marmelade auf Toastbrot zu schmieren, diese labberige Trägersubstanz für englische Marmeladen aus pappigen Südfrüchten.

Die Konfitüre des Nostradamus ist mehr Salbe als Marmelade und verlangt nach blondem Haar und Kurtisanenkurven, die sich in all ihrer Pracht der Diktatur der Zunge unterwerfen.

Vor der Einmarmeladierung ist es ratsam, daß sich der Marmelader die Zunge gründlich mit einer halben wilden Zitrone aus der Karibik abreibt.

Konfitüre aus grünem Ingwer

»Konfitüre aus Ingwer, meist bekannt als grüner Ingwer, bereitet man mit Mekkanischem Ingwer, aus Mekka, wo Mohammed begraben liegt.«

(Nostradamus, Traktat über die Konfitüren)

- Weißen oder Mekkanischen Ingwer verwenden, denn er ist der beste. In warmem Wasser einweichen, wobei das Wasser über drei Tage hinweg immer wieder erneuert werden soll.
- Anschließend eine kräftige Lauge aus Rebenholz bereiten und den Ingwer darin aufkochen, wobei man ihn immer wieder neu in wenig Lauge aufkocht, die man anschließend abgießt.
- Wenn der Ingwer nach vielmaligem Kochen mild geworden ist, aus der Lauge nehmen und unter fließendem Wasser gründlich abspülen.
- Den Ingwer noch einmal drei bis vier Tage wässern und das Wasser dabei häufig wechseln, damit der Laugengeschmack sich verliert. Anschließend in Wasser mit etwas Honig aufkochen.
- Wasser abgießen und sich noch einmal vergewissern, daß der Ingwer nicht nach Lauge und nicht zu scharf schmeckt. In einem weißen Geschirrtuch ausdrücken.
  In einen Topf die gewünschte Menge Honig geben und zwei- bis dreimal aufkochen. Nach dem Erkalten mit einem Schaumlöffel den Schaum abnehmen.
- Ingwer mit Honig mischen und zwei bis drei Tage durchziehen lassen. Am dritten Tag Ingwer und Honig zwei- bis dreimal zusammen aufkochen. In einem Einweckglas aufbewahren.

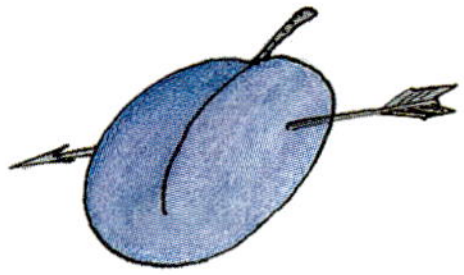

Ein Dessert von professionellen Liebhaberinnen, die man früher »Geliebte« oder »Liebchen« nannte, ausgehaltene Frauen, die in Wohnungen zwischen diskreten Nachbarn untergebracht waren, und – mindestens – einmal wöchentlich verfügten die Herrn über ihre Wohnungen und ihre Mädchen, die alle ursprünglich Chansonsängerinnen werden wollten. Während die eigene Ehefrau die Creme so zubereitet, wie man es in England, Frankreich oder Spanien überlicherweise tut, reicherte die »Geliebte« sie mit Wein und Zitrone an, genauso wie sie den sexuellen Alltag ihres Beschützers mit kamasutrischer Gymnastik anreicherte.

Früher, also zumindest vor dem Koreakrieg, schlossen Ehepaare einen doppelten Bund für das Sexualleben des Mannes: Zum einen bediente ihn die Angetraute mit horizontalem Koitus bei gedämpftem Licht, zum anderen die Liebhaberin, die zu Ausschweifungen imstande war, die keine anständige Frau auch nur in Erwägung gezogen hätte. Mehr noch, wenn ein Mann ausnahmsweise einmal von seiner eigenen Ehefrau phantasievoll verführt wurde, verpaßte er ihr augenblicklich eine Ohrfeige, da er selbstverständlich annahm, daß sie solche Praktiken nicht gerade im Hafen der Ehe gelernt hatte, oder daß sie sie einer Sorte Freundinnen abgeguckt hatte, die kein Umgang für sie waren.

Dann kam der Koreakrieg, und alles wurde anders. Die anständigsten Ehefrauen fingen an, Weincreme mit Zitrone zuzubereiten, und jene für das Ende unseres Jahrhunderts bezeichnende Sprachverwirrung nahm ihren Anfang, jene Identitätsverwirrung, deretwegen heute alle Mädchen, die einmal Chansonsängerinnen werden wollten, ohne Auskommen und ohne eigenes Dessert dastehen.

Weincreme mit Zitrone

Zutaten für 4 Personen:

15 cl Weißwein
geriebene Schale von 1 Zitrone
15 g Blattgelatine
4 Eier
100 g Zucker
5 EL Zitronensaft
1 EL Cognac
½ l Schlagsahne

- Gelatine auflösen, Wein und geriebene Zitronenschale zugeben.
- Eier und Zucker im heißen Wasserbad schlagen, bis sie einzudicken beginnen; aus dem Wasserbad nehmen.
- Die Gelatinemischung über die Eier gießen, Zitronensaft und Cognac zugeben.
- Die Creme bis zum Auskühlen schlagen, Sahne unterheben.
- In Glasschälchen füllen und mit Waffeln servieren.

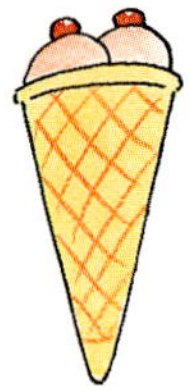

Als die Franzosen dieses Dessert kreierten, war ihnen sicher bewußt, daß das Erfolgsgeheimnis in seinem Namen liegen würde. Es ist etwas anderes, »délicieux« zu sagen, als deliziös und delicious. Denn bei jeder Essenseinladung mit amourösem Hintergedanken kommt der Augenblick, an dem eine Unterhaltung über das gelungene Mahl dem Gelingen der Liebe Halt gibt.

Ein *Délicieux* als Vollendung eines guten Menüs zu reichen ist wie den Sturm der Bastille mit dem Rammbock durch das Tor zu vollenden. Welcher Nationalität auch immer Sie sind, Sie müssen dieses Dessert in jedem Fall *Délicieux* nennen und es so seidenweich aussprechen, wie Französischlehrer zu Zeiten der Vierten Republik solche Wörter aussprachen. Die Französischlehrer der Fünften Republik haben die Sprache verhärtet und ihre funktionalen und apokopischen Seiten gestärkt, und auf diesem Weg hat sich das Verhältnis zwischen Signifikat und Signifikant ebenso gewandelt wie das Chanson von Sylvie Vartan zu Martine Carole oder von Françoise Hardy zu Edith Piaff.

Außerdem bietet sich ein *Délicieux* als letzter gastronomischer Akzent eines langen Abends ebenso an wie als erster des Morgens danach, ohne daß man das hübsche, aber apokryphe Diktum Karl Marx' beherzigen müßte, wonach sich in der Geschichte alles, was beim ersten Mal Tragödie ist, als Farce wiederholt.

Sex ist eines der Dinge, die am wenigsten mit Geschichte zu tun haben.

Délicieux

Zutaten für 8 Personen:

600 g feine Mandelkekse
125 g Bitterschokolade
8 Eiweiß
4 EL feinkörniger Zucker
125 g Karamel
1 Tortenoblate

Für die Sabayon:
8 Eidotter
120 g Zucker
16 cl Kirschwasser

- Backofen auf 180 °C vorheizen.
- Mandelkekse wenn nötig im Ofen trocknen, im Mörser zerstampfen und durch ein Sieb reiben.
- Bitterschokolade zusammen mit 4 EL Wasser im heißen Wasserbad schmelzen.
- Eiweiß steif schlagen, Zucker zufügen, dann Schokolade und Mandelkekse unterrühren.
- Eine Springform mit dem Karamel auskleiden und die Masse einfüllen. Im vorgeheizten Ofen etwa fünfundzwanzig Minuten backen.
- Auskühlen lassen und auf die Tortenoblate stürzen.
- Für die Sabayon alle Zutaten in einer großen Schüssel gut verrühren. Im heißen Wasserbad etwa fünf Minuten kräftig mit dem Schneebesen schlagen, bis die Sauce schaumig wird. Warm über das *Délicieux* gießen.

Die getrocknete Feige ruft förmlich danach, gefüllt zu werden, und dem leisten auch so gut wie alle mediterranen Kulturen Folge. Die Syrer nun besitzen den feinsten Gaumen des östlichen Mittelmeers, und so geben sie dem ganzen eine exquisite Note, indem sie die Früchte zuvor in Orangen- und Zitronensaft kochen.

Die gefüllte Trockenfeige erinnert unwillkürlich an eine Vulva, wenn auch etwas dörr und hart, und dennoch ist sie reich an dunklen und festen Geschmacksnoten.

Es gibt Frauen, deren Vulva sich in stimmungsvollen und erfüllten Augenblicken wie eine reife Frucht darbietet, die dennoch in ihrem Inneren die Festigkeit hartnäckigen Begehrens bewahrt. Gefüllte Feigen sind eine Lockspeise, deren Anwendung genaue Kenntnisse über die Partnerin voraussetzen (*Gefüllte Feigen syrische Art* und Feigen überhaupt sind grundsätzlich eine maskuline, heterosexuelle Lockspeise, womit sie allen moralischen Codes des Ancien régime entspricht).

Frauen, die gewisse Assoziationen und Andeutungen plump finden, werden es Ihnen übelnehmen, wenn Sie Ihr Gespräch auf die sowohl akzidentielle als auch substantielle Verbindung zwischen Feige und Vulva lenken. Frauen hingegen, die ein unverkrampftes Verhältnis zu Sprache und Psychologie haben, werden die Provokation spielerisch aufnehmen. In der Regel ist das bei Exfeministinnen und fremdgehenden Ehefrauen ohne Schuldkomplex der Fall. Singles hingegen sind meistens etwas eigen.

Gefüllte Feigen syrische Art

Zutaten für 6 bis 8 Personen:

500 g ganze getrocknete Feigen
$^1/_4$ l Orangensaft
1 EL Zitronensaft
1 EL abgeriebene Zitronenschale
150 g Zucker
150 g abgezogene Mandeln oder Haselnüsse

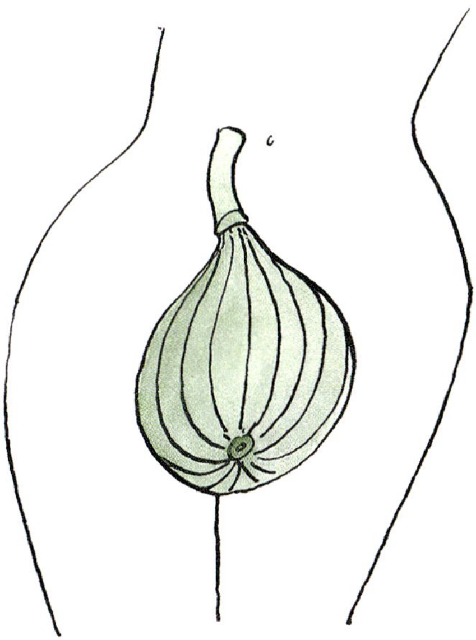

- In einem kleinen Topf Orangen- und Zitronensaft, Zitronenschale und 3 EL Zucker vermengen. Die Feigen, deren Stielansätze man zuvor weggeschnitten hat, zugeben und alles zum Kochen bringen.
- Hitze verringern, den Topf mit einem Deckel verschließen und so lange köcheln lassen, bis die Feigen weich sind (je nach Konsistenz der Früchte zwischen dreißig und sechzig Minuten).
- Die Feigen abtropfen und auskühlen lassen.
- Wenn die Früchte ausgekühlt sind, mit einem spitzen Messer die Feigen an der Stelle des Stielansatzes einritzen und je eine Mandel oder Haselnuß hineinstecken.
- Gefüllte Feigen wieder zudrücken und in dem restlichen Zucker wälzen.
- Auf ein Kuchengitter legen und über Nacht trocknen lassen.
- Am folgenden Tag servieren oder in einer gut verschließbaren Dose aufbewahren, die einzelnen Lagen Feigen mit Butterbrotpapier voneinander trennen.

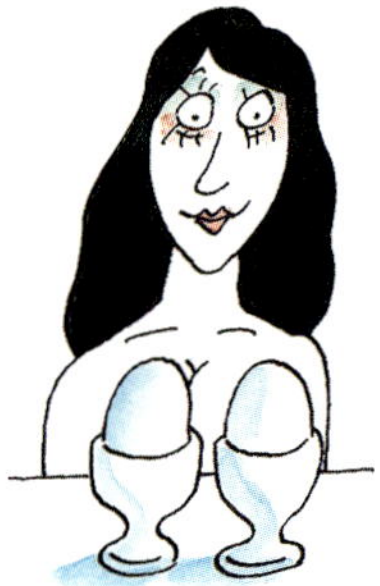

Das Ei ist eine gastronomische Allzweckwaffe. Es gibt solche und solche Eier: Manche werden ebenso elendig gekocht wie hastig verschlungen; manche mausern sich mit einem Löffel iranischen Kaviars zu gehaltvollen Kunstwerken. Nun, normalerweise ist das Ei Fundament größerer gastronomischer Bauwerke, und wer zum Beispiel diese Fata Morgana einer Großbaustelle kreiert hat, ist unbekannt. Wahrscheinlich ein Bauingenieur oder pensionierter Stararchitekt.

Mit dem hier beschriebenen Dessert kann man bestens Leute verführen, die gerne die Kathedrale von Mailand mit Zahnstochern nachbauen oder das Tadsch Mahal in Miniaturausgabe in eine Ginger-Ale-Flasche hineinfummeln.

Zu dieser Rasse gehören auch die Erfinder von Baiser und Sodawasser. Zumindest in sexuellen Angelegenheiten sollten Sie jedoch Ihre Möglichkeiten nicht überschätzen, auch auf die Gefahr hin, sich unnötig klein zu machen, aber oft darf man nun mal nicht wählen, sondern wird gewählt, ähnlich der Beckettschen Figur, die sich nicht bewegt, sondern bewegt wird.

Mit diesem Dessert können Sie kleinstädtische Abonnenten der Financial Times in Ekstase versetzen, die in der Regel eine laue Ehe führen, wenig gelebt haben und auf dem Nachttisch eine Glaskugel mit einer Landschaft darin stehen haben. Für den Fall, daß die Verführungskunst der *Marmoreier* versagt, sollten Sie traditionelle Reizwäsche anlegen: einen schwarzen Spitzenslip oder einen Samttanga mit Leopardenmuster.

Und wundern Sie sich nicht, wenn sich selbst der vertrauensseligste Partner nach dem Liebesspiel eine Portion mit nach Hause geben läßt, um das Wunderwerk seinem besten Freund zu zeigen.

Marmoreier

Zutaten für 8 bis 10 Personen:

24 Eier
250 g Mangold
1 gegrillte rote Paprikaschote
1 Msp Safran, aufgelöst in einem TL kochendem Wasser
Salz und Pfeffer
½ TL gemahlener Zimt
200 g Zucker
30 g Butter
Orangenblütenwasser
Kerne von 1 Granatapfel

◆ Vier kleine Schüsseln bereitstellen, Eier aufschlagen und je sechs in eine Schüssel geben. Mangold blanchieren und pürieren, die gegrillte Paprikaschote ebenfalls pürieren. Um die Eier zu färben, in die erste Schüssel den Mangold, in die zweite die Paprika und in die dritte den Safran geben. In der letzten Schüssel bleiben die Eier ungefärbt.

◆ Backofen auf 170 °C vorheizen. Eier mit Salz, Pfeffer, Zimt und Zucker würzen und gut schlagen. Eine Auflaufform in den Backofen stellen, Butter darin schmelzen. Die Form aus dem Ofen nehmen, die roten Eier hineingießen. Kurz im Ofen stocken lassen, anschließend die gelben Eier zugießen und so fort. Je nach Größe der Form können Sie die Schichten beliebig anordnen.

◆ Den Auflauf etwa eine halbe Stunde im Ofen backen.

◆ In Scheiben auf Desserttellern anrichten, mit Orangenblütenwasser besprenkeln und mit Granatapfelkernen verzieren.

Seite 149

Italiener greifen besser nicht zu dieser Nachspeise, wenn es um die Bewirtung möglicher Sexualpartner geht, genauso wie Spanier Leche frita vermeiden sollten und Franzosen ihre entsprechenden Familienrezepte für Milchnachspeisen. Jedes Volk liebt seine Milchspeisen, aber man verbindet sie zu stark mit Mutter oder Großmutter, eben mit Bildern, die mit Bettgeschichten nichts zu tun haben, ausgenommen irgendwelcher abnormen, die ich mir gar nicht erst vorstellen will.

Wenn hingegen ein beliebiger, nicht italienischer Verführer seinem Gegenüber eröffnet, daß es *Lattaiolo* geben wird, ist das ungefähr so, wie wenn man sich zwischen zwei Versen von Ezra Pound eine ägyptische Hieroglyphe auf der Zunge zergehen ließe.

Allein das Wort *Lattaiolo* klingt schon nach Männlichkeit und Jugend und verspricht Unschuld gepaart mit Potenz, wodurch es die Vorstellungskraft von Leuten anheizt, die eine lange Phase sexueller Abstinenz durchlitten haben oder überhaupt sexuell unterversorgt sind. Einmal habe ich diese Nachspeise der vernachlässigten Gattin eines regionalen Exschwimmmeisters serviert, und es dauerte keine Minute, da sprach aus ihren Augen nur noch Zärtlichkeit, für mich und für sie selbst.

Denn unterm Strich ist sexuelle Hingabe immer auch ein Geschenk an sich selbst, eine – ganze eigene – Art von richtig verstandenem Egoismus.

Lattaiolo (Italienischer Pudding)

Zutaten für 6 Personen:

$1^1/_4$ l Milch
6 EL Zucker
1 Prise Salz
1 Stückchen Zitronenschale
1 Stückchen Vanilleschote
2 Eier
6 Eidotter
2 EL Mehl
1 Msp geriebene Muskatnuß
$^1/_2$ TL gemahlener Zimt
30 g Butter
100 g Hagelzucker

◆ Die Milch mit dem Zucker, einer Prise Salz, dem Stück Zitronenschale und der Vanilleschote auf den Herd setzen, bei mittlerer Hitze aufkochen, Hitzezufuhr verringern und eine halbe Stunde lang sanft köcheln lassen.

◆ Milch vom Herd nehmen und mit einem Holzlöffel die Haut, die sich gebildet hat, entfernen. Auskühlen lassen. Backofen auf 150 °C vorheizen. Sämtliche Eier in eine Schüssel geben, Muskatnuß und Zimt hinzufügen und kräftig schlagen. Die Milch zugießen und erneut kräftig schlagen. Durch ein Geschirrtuch in eine andere Schüssel umgießen. Eine feuerfeste Brot- oder Puddingform mit Butter ausstreichen und die Milch-Ei-Mischung hineingießen. Im vorgeheizten Backofen etwa eine Dreiviertelstunde garen. Aus dem Backofen nehmen und eine Stunde lang auskühlen lassen. Anschließend die Form mit Alufolie bedecken und für vier Stunden in den Kühlschrank stellen. Den Pudding stürzen und mit Hagelzucker bestreuen.

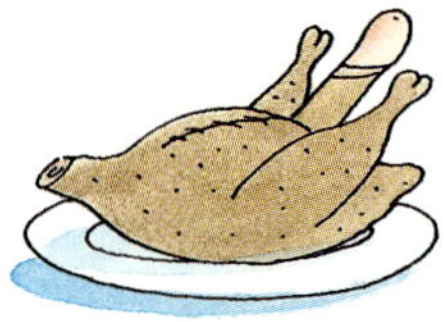

Auch wenn man bei dem Namen meinen könnte, es handelte sich um eine katalanische Speise, geboren unter dem Schutz der schwarzen Jungfrau von Montserrat, einer der vielen beschützenden Gottesmütter Kataloniens, ist es doch ein durch und durch karibischer Gaumenschmaus, womöglich kreiert von einer tüchtigen Frau katalanischer Herkunft mit dem urkatalanischen Namen Montserrat.

Eine Marmelade der Transparenz und der leichten Säure, bei der sich die anpassungsfreudigen tropischen Früchte an den Gaumen des Neuankömmlings schmiegen. War Montserrat nicht vielleicht eine Einwanderin, ein Zwischenstop zwischen valencianischer Orange und Papaya? Nach ihrer Marmelade zu schließen, ist sie eine brünette Frau mit irländisch-rosigem Teint, den runden, leicht erschlafften Brüsten einer Frau, die gestillt hat (sie kochen die beste Marmelade), und einem knackigen, kecken Po. Ein Körper ist nämlich ein Ökosystem, und ein intelligentes Ökosystem gleicht die erschlafften Rundungen des Busens durch einen um so knackigeren Arsch aus (bei den Frauen). Bei den Männern hat ein Schmalbrüstiger in der Regel einen um so steileren Penis und umgekehrt, und meinetwegen kann mir jeder mit Gegenbeispielen widersprechen und sich sicher sein, daß ich nicht so aufdringlich sein werde, das nachprüfen zu wollen. *Marmelade Montserrat* ist eine nährstoffreiche Hautpflege und eignet sich wunderbar als After-sun und Before-love, nicht notwendigerweise, aber vorzugsweise in der Karibik. Jedem Meer seine Marmelade.

Die Nordsee bietet zur körperlichen Verklebung Himbeermarmelade und die Ägais Feigenmus.

Marmelade Montserrat

Zutaten für 3,5 kg:

1 Grapefruit
1 Orange
1 Zitrone oder Limone
1 Ananas
2 l Wasser
1¾ kg Zucker

- Grapefruit, Orange und Zitrone schälen und in Scheiben schneiden. Ananas schälen und würfeln. Die Früchte in einem Topf ins Wasser legen, Deckel schließen und über Nacht ziehen lassen.
- Mit geöffnetem Deckel fünfzehn Minuten kochen.
- Weitere vierundzwanzig Stunden ruhen lassen.
- Den Zucker zufügen und etwa eine Stunde lang kochen, bis die Marmelade eindickt.
- In sterilisierte Einmachgläser füllen und luftdicht verschließen.

Mögen Nachspeisen auch geistige, rhetorische, rituelle Ersatzbefriedigung sein, der Pistazie schrieb man schon in alter Zeit die sinnliche Kraft funkelnder Edelsteine zu und verabreichte sie gegen Appetitlosigkeit wie gegen Heißhunger.

Persischen Ursprungs, wurde die Pistazie von den Türken eingeführt und schließlich auf den griechischen Inseln angebaut. Und obwohl sich dort alles um ihre Frucht dreht, wird der Pistazie nicht mehr gastronomische Aufmerksamkeit geschenkt als der Erdnuß. Aber genauso wie die Polynesier es verstanden haben, ihre Saucen und Suppen in die Hauptstadt des Mutterlandes zu schleusen, ist die Pistazie die Trockenfrucht des Südens geworden, als Geschmacksnote zweitklassig, wie alles Südliche in dieser Welt.

Der *Pistazienkuchen* nistete sich im Gedächtnis der Kreuzfahrer ein und reiste mit ihnen nach Hause. Aber erst in jüngster Zeit, da die Pistazie eine unter vielen Knabbereien der mit Knabbereien vollgestopften Supermärkte geworden ist, kann man nachprüfen, ob *Pistazienkuchen* nur öde Einbildung der nördlichen Körperhälfte ist oder unvergeßliches Abenteuer der südlichen Muskulatur.

Pistazienkuchen

Zutaten für 4 Personen:

500 g geschälte Pistazien
2 Eiweiß
10 Eier
1 TL geriebene Orangenschale
250 g Puderzucker
30 g Butter

- Backofen auf 180 °C vorheizen.
- Pistazien in einem Mörser zerreiben und die zwei Eiweiße unterrühren. Die zehn Eier trennen. Das Eigelb, die Orangenschale und den Puderzucker gut mit den Pistazien vermengen.
- Die zehn Eiweiße zu festem Schnee schlagen und vorsichtig unterheben.
- Eine Kuchenform mit Butter ausstreichen und den Teig einfüllen. Etwa eine Stunde im Ofen backen.

Die ordinäre Phantasie breiter Bevölkerungsschichten ist schuld daran, daß die Banane Sinnbild des Phallus ist, natürlich des wohlwollend betrachteten Phallus, denn der harte und aggressive Phallus findet in der Mohrrübe seine Entsprechung, und der kümmerliche und unzuverlässige im Spargel, und das obwohl Spargel in Gegenden machistischer Selbstherrlichkeit gedeiht.

Das hier vorgeschlagene Rezept ist eine kulturelle Verfeinerung, eine korrigierte und verbesserte Version der traditionellen Rumbanane, die häufig herhalten muß, wenn der Koch um eine Nachspeise verlegen ist. In unserem Fall ist Magie im Spiel, darum braucht dieses Gericht die Sprache, die Literatur. Vorzüglich schmeckt es, wenn man es über Kreuz zu sich nimmt – er ißt von dem Löffel, den sie ihm reicht, und umgekehrt. Allein schon die Aufgabe, die von so viel Behandlung erschlaffte Banane zu zerteilen, weckt erotische Phantasien und dämpft die Verstimmung, die der Ausdruck »Penisneid« gelegentlich auslöst. Nicht jeder Penis erweckt Neid.

Dieser elementaren Wahrheit waren sich die Männer schon immer bewußt, und in den letzten Jahrzehnten sind auch die Frauen mehr und mehr darauf gekommen. Die *Rumbanane* entzaubert die ganze Antiphallistik, entkräftet sie und holt sie runter auf den Boden der Tatsachen, und wer reichlich davon kostet, kann späterem liebestechnischem Versagen vorbauen: weil sie – wenn sie großherzig ist – in verschwommenen Erinnerungen an ein Paradies voller köstlicher Bananen schwelgt, und weil er – wenn er zum Selbstbetrug fähig ist – nun endlich von der rundum gelungenen Befriedigung seiner Partnerin überzeugt sein wird, ohne sich die Frage stellen zu müssen, wieviel davon ausschließlich den Bananen zu verdanken ist.

Überbackene Rumbananen

Zutaten für 6 Personen:

6 Bananen, geschält und der Länge nach halbiert
125 g Butter
die geriebene Schale von 4 Orangen
3 EL Limonen- oder Zitronensaft
$^1/_2$ TL gemahlener Zimt
4 EL flüssiger Honig
6 EL weißer Rum
(1 Becher Schlagsahne)

- Die zerlassene Butter zur Hälfte in einer flachen feuerfesten Form verteilen, Bananen hineinlegen. Mit der restlichen Butter übergießen; die geriebene Orangenschale darüberstreuen, Zitronensaft, Zimt und Honig dazugeben und fünfzehn Minuten im vorgeheizten Ofen bei 190 °C backen.
- Rum auf dem Herd erwärmen, über die Bananen geben und flambieren.
- Je nach Wunsch mit Sahne servieren.

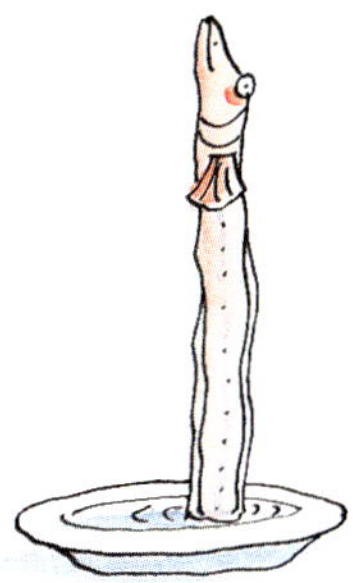

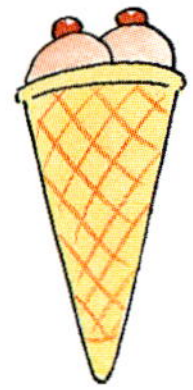

Das Rezept, von dem es heißt, daß es auf Escofier zurückgeht und von Harry Schraemli abgewandelt worden ist, will in meinem Brevier der Verdorbenheiten als besondere Ehrenbezeugung an die kanarische Erotik verstanden sein.

Von den fünftausend Frauen, die ich in meinem Leben sehr aufregend fand, stammten viertausendachthundertzwölf von den Kanarischen Inseln, das ist unwiderlegbar wie jedes Apriori. Die Banane ist eine Frucht, die das Lieblingstier jedes Mannes anspricht, jenes Tierchen, das versteckt in südlichen Regionen des männlichen Leibes lebt, und zu dem er eine ganz besondere Liebe hegt wie zu einem Sohn, der nie aus dem Haus geht, über seine ganze stürmische Existenz hinweg, in der er groß und wieder klein wird, ohne sich jemals von seinen Wurzeln lösen zu können. Eine Banane zu essen hat immer etwas von einem irreversiblen Akt und weckt bei Frauen dieselbe Sensationsgier wie das Kaninchen, das im Zylinderhut des Zauberers verschwindet. Bildliche Assoziationen speisen sich am Ende immer aus eigenen Vorstellungen, und wenn ein Mann eine Banane ißt, muß er bereit sein, seinem Gegenüber das Recht auf Assoziationen einzuräumen, nach dessen eigenen Bildern und Vorstellungen.

Flambierte Bananen

Zutaten für 4 Personen:

4 Bananen
$1/4$ Tasse Zucker
$1/2$ Tasse Mehl
100 g Butter
4 cl Kirschwasser, wahlweise Bananenlikör und Rum

- Bananen schälen und längs halbieren, zuckern und im Mehl wälzen. Butter in einer Pfanne erhitzen und die Bananen darin fritieren. In eine vorgewärmte Schale legen, Kirschwasser darübergießen und im Augenblick des Servierens anzünden.
- Ich verwende für dieses leckere Dessert gerne eine Mischung aus einem Sechstel Bananenlikör und fünf Sechstel feinem Rum; die Teller garniere ich mit je sechs entsteinten Kirschen. Den Alkohol, den man über die Bananen gibt, entzündet man noch in der Servierschale, wobei die Flamme erst auf den Tellern gelöscht werden soll.
- Die Sauce anschließend auf die Teller verteilen.

PIPER
Manuel Vázquez Montalbán,
der Erfinder von
Pepe Carvalho
Manuel
Vázquez
Montalbán
QUINTETT IN BUENOS AIRES
Ein
Pepe
Carvalho
Roman
PIPER
539 Seiten. Gebunden
»Manuel Vázquez Montalbán
ist einer der profiliertesten
Schriftsteller Spaniens.«
Der Tagesspiegel
Manuel Vázquez Montalbán
Wenn Tote baden
Ein Pepe-Carvalho-Roman
SERIE PIPER
303 Seiten. SP 3146
Manuel Vázquez Montalbán
Die Küche der
läßlichen Sünden
Ein Pepe-Carvalho-Roman
SERIE PIPER
320 Seiten. SP 3147
Manuel Vázquez Montalbán
Die Einsamkeit des
Managers
Ein Pepe-Carvalho-Roman
SERIE PIPER
240 Seiten. SP 3148
Manuel Vázquez Montalbán
Die Meere des Südens
Ein Pepe-Carvalho-Roman
SERIE PIPER
244 Seiten. SP 3149
Foto: Isolde Ohlbaum